AF269815

NUMEROLOGÍA Y CÁBALA

Rabí Aharón Shlezinger

NUMEROLOGÍA Y CÁBALA

EDICIONES OBELISCO

Colección Cábala y Judaísmo
NUMEROLOGÍA Y CÁBALA
Rabí Aharón Shlezinger

1.ª edición: julio de 2008
6.ª edición: febrero de 2024

Maquetación: *Marta Rovira*
Diseño cubierta: *Enrique Iborra*

© 2008, *Aharón Shlezinger*
© 2008, Ediciones Obelisco, S. L.,
(Reservados los derechos para la presente edición)

Edita: Ediciones Obelisco, S. L.
Collita, 23-25. Pol. Ind. Molí de la Bastida
08191 Rubí - Barcelona - España
Tel. 93 309 85 25
E-mail: info@edicionesobelisco.com

ISBN: 978-84-9777-479-6
Depósito legal: B-26.325-2010

Printed in Spain

Impreso en los talleres gráficos de Romanyà/Valls S. A.
Verdaguer, 1 - 08786 Capellades - Barcelona

PRÓLOGO

El propósito de esta obra es transmitir una idea intrínseca del proceso de la creación del mundo así como la finalidad de tal empresa. Asimismo, en varios pasajes del libro, he hecho alusión al desarrollo y evolución que sufrió a través del tiempo, hasta adquirir los parámetros definitivos que hoy en día conocemos. De modo recíproco he abordado las distintas facetas que el mundo debió atravesar a lo largo de la historia, las cuales en su totalidad respetan y siguen las normas establecidas cuando fue concebido.

Los conceptos que expongo en esta edición fueron cuidadosamente elaborados y seleccionados. Me he esforzado en ajustarme a las fuentes originales de los textos de cábala que cito de forma estricta. Lo mismo he procurado hacer con las demás fuentes, como el Talmud, el Midrash y los demás libros de la Torá oral. Este sistema de trabajo me brindó la posibilidad de desarrollar cada asunto de modo más preciso, para evitar cometer errores conceptuales innecesarios. Después de poseer una base sustancial y sólida, me fue posible explicar los conceptos con la debida amplitud que se requiere para que se puedan comprender cabalmente por el lector.

Es importante aclarar que la elaboración de esta obra representa el fruto de numerosos años de investigación y preparación. En esto han tenido mucho que ver los eruditos maestros de los que tuve el placer de aprender. Asimismo un factor esencial lo representaron los grandes compañeros de estudio con los que debatíamos cada tema de manera profunda y perspicaz hasta alcanzar un entendimiento pleno del asunto.

Quiero dedicar este trabajo a la memoria de mi padre, Israel ben Peshl, quien siempre me alentó a seguir adelante en el crecimiento espiritual y el desarrollo de la fe.

También deseo agradecer al Rabino Daniel ben Itzjak, quien resultó fundamental para que esta obra vea la luz. Asimismo agradezco a la Editorial Obelisco la fe y confianza que ha depositado en mí y en el proyecto.

I
LA CREACIÓN Y LAS LETRAS

Los sabios cabalistas nos enseñan que el elemento primario y fundamental con el cual todo lo existente fue creado son las letras. Las mismas cumplen una función trascendental e ineluctable en la totalidad del sistema concebido. Siendo así, y teniendo en cuenta el fuste de las letras y su imperiosa relevancia en el fundamento del Génesis, explicaremos el proceso de origen de las mismas y también describiremos, dentro del espacio que esta obra permite, y valiéndonos de ejemplos prácticos, la manera en la que éstas ingresaron en el complejo de la creación para dar lugar al cosmos. Asimismo, observaremos la estrecha relación existente entre las letras y los números, los cuales resultan esenciales para conformar todos los parámetros de la realidad universal.

Comenzamos la elucidación citando una alegoría

Cuando alguien desea crear o fabricar algo, lo primero que hace es imaginar en su mente aquello que pretende elaborar, su forma y aspecto. Luego, tras haber concebido la idea preliminar, con seguridad desea ponerla en práctica. Para ello se abocará de lleno a realizar todo tipo de cálculos numéricos, pues los mismos le permitirán obtener los valores necesarios para proyectar lo que pensó.

Por ejemplo, si decide construir una casa, concebirá en su mente un bosquejo preliminar, que contendrá una idea general de la futura edificación que incluirá la fachada y los rasgos más importantes.

A posteriori, para que este bosquejo pueda convertirse en el plano oficial de la obra, ideará también la estructura, los pormenores y subdivisiones deseados para ser incluidos dentro del inmueble. Los mismos deberán ajustarse a medidas determinadas que se ubiquen dentro de las fronteras previamente establecidas.

Por tal razón, este individuo calculará con la mayor precisión todas las medidas y dimensiones que tendrá la futura vivienda, incluidos los compartimentos interiores, de modo que no excedan los límites asignados a la construcción. A través de esta sistematización, la vivienda pensada dejará de ser un simple anhelo, para encaminarse definitivamente en el recorrido que la llevará a convertirse en una autentica realidad.

No obstante, hay algo más que deberá ser tenido en cuenta antes de poner manos a la obra. El dueño de este proyecto tendrá que prever de antemano la ubicación, el largo y el espesor de los caños y tuberías que pasarán por el interior de las paredes y el techo, pues no sea que acabe los muros y el cielorraso, con el revoque grueso y fino incluidos, y luego necesite romper todo para insertar los caños de electricidad, agua y gas.

Sumado a ello, será imprescindible que decida con antelación a qué distancia se ubicarán en el techo los portalámparas. Pues si no decide antes de realizar la obra dónde se situarán los agujeros para tal fin, tendrá que romper la loza después de culminada. Siendo esto netamente contraproducente, ya que entre otras cosas, el perforar la compacta y sólida capa de hormigón armado la maquinaria empleada causará una vibración general que puede afectar y debilitar la estructura, propiciando que en el futuro su techado sufra filtraciones o brotes de humedad.

En síntesis, antes de comenzar la obra, deberá contar con los parámetros –números– exactos de lo que desea construir, y también la de cada una de las secciones. Sólo entonces, cuando disponga de esta información, elaborará el plano oficial, el cual le servirá de base para cristalizar físicamente el proyecto que ideó.

Esta manera de proceder, necesaria para concretar materialmente una idea, es exactamente la utilizada por todas las personas que desean construir lo que programaron.

Reciprocidad

Tal como los hombres operan para llevar adelante su proyecto concebido, del mismo modo y siguiendo el mismo modelo actuó El Eterno cuando se dispuso a concretar el proyecto de la creación. Empleó este mismo sistema llevado a cabo por los humanos, a lo que se añadió la idealización de la codificación a utilizar en el plano. Pues fue necesario que primero creara las letras, cada una con su correspondiente valor numérico, para entonces sí, con ellas, elaborar el plano que ideó, en el cual colocó todos los parámetros. Luego, sobre la base del mismo, creó todo lo existente.

El plano elaborado por El Eterno para realizar la creación fue llamado Torá Pentateuco o los Cinco libros de Moisés. En el mismo constan todos los datos estructurales de la creación, los valores numéricos utilizados en la misma, y también los pormenores y reglas que deben cumplirse para que ésta pueda existir y mantenerse.[1]

Características e interpretación del plano

Cabe decir que el plano del universo, la Torá, tiene las mismas características que el plano de una vivienda. Esto significa que,

---

1. *Véase* Tana Dbei Eliahu 31: 17 – Talmud, Tratado de Jaguigá, perek 2.

para leerlo e interpretarlo, se procede exactamente igual a como se hace con el plano de una casa.

Veamos un ejemplo:

> Si el dueño de la morada, u otra persona, necesita un dato global, como el ancho total de la vivienda, consulta el plano general, y extrae de allí el pormenor. Pero si necesita saber un detalle más puntilloso, como podría ser la ubicación de los caños de agua en la cocina, entonces deberá recurrir a un plano interno.

Lo dicho se basa en que el plano general de la vivienda muestra la fachada, y los datos más generales de los distintos compartimentos. Es decir, las dimensiones de cada uno de ellos, más la ubicación de las puertas, ventanas y demás estructuras. Pero si se desean saber pormenores de las habitaciones o la posición y distribución de las cañerías, deberán consultarse otros planos específicos, los cuales se encuentran en el interior de la carpeta que contiene los planos de la morada. Estos planos que portan los detalles y pormenores explican y desglosan el plano general.

Esto mismo acontece con el plano del universo, la Torá. La misma muestra los detalles generales, y para conocer pormenores más finos se debe consultar la explicación de la misma, o sea, el Talmud y los restantes libros explicatorios: el Midrash, El Zohar, y demás.

LAS ESCRITURA DEL PLANO

Ya explicamos que la Torá es el plano del universo y contiene indicaciones. Las mismas están apuntadas en forma de palabras compuestas por letras. Éstas manifiestan los datos requeridos, exactamente igual al plano de una casa u otra construcción.

Ahora bien, cuando un arquitecto se dispone a diseñar el plano de una vivienda, cuenta con símbolos convencionales, y conoce muy bien el lenguaje que debe aplicar. Pero cuando El Eterno diseñó la Torá, no había ninguno de estos elementos. Por eso, una pregunta obvia surge indudablemente: ¿de dónde surgieron los símbolos –las letras– que permitieron escribir estos parámetros?

La respuesta la hallamos en el antiquísimo libro de cábala, titulado *Sefer Yetzirá*. Allí consta que El Eterno, antes de realizar la creación, produjo 32 conductos, consistentes en 10 niveles de esferas espirituales, llamadas *sefirot* y 22 letras que los comunican.

Las esferas espirituales –*sefirot*– constituirían el medio para dar origen al espacio y demás parámetros necesarios para posibilitar la existencia del universo. En tanto que las letras serían el medio para realizar la creación y comunicar entre las esferas.

Por tal razón, previo al inicio de la creación El Eterno tomó a las letras creadas y las combinó entre sí. Combinó la primera letra –*Alef*– con todas las demás letras. Luego, la segunda letra –*Bet*– con todas las demás, y prosiguió así hasta acabar con la totalidad del alfabeto.

Tras este proceso, resultó que cada letra poseía en su interior a todas las demás letras asociadas a ella.

Con estas 22 letras El Eterno creó la Torá, el plano del universo. (Sefer Yetzirá 1: 1)

II
LAS 22 LETRAS
DEL ALFABETO HEBREO

En el capítulo anterior se mencionó la existencia de 22 letras que fueron creadas por El Eterno previo a la concepción del mundo. Las mismas sirvieron de base para elaborar el plano de toda la creación.

Estas 22 letras contienen en su estructura innumerables secretos, los cuales debidamente dilucidados posibilitan comprender pormenores y rasgos trascendentales de la esencia de la creación.

Para apreciar un avance de estos misterios ocultos en las letras apelaremos a la sabiduría del Talmud.

En el Talmud (Tratado de Shabat), se expone un acontecimiento sorprendente que se refiere a este tema, en el cual se desglosa en forma realmente maravillosa el tema de las letras. Éste es el desarrollo de la cita:

Los sabios avisaron a Rabí Yeoshúa ben Levi: «Los niños recién egresados de la escuela preparatoria, asistieron a la academia mayor, y en su primer día de estudios junto a los mayores, revelaron informaciones que no fueron escuchadas siquiera en los días de Josué –*Yeoshúa bin Nun*– (el sucesor de Moshé)». (Shabat 104)

Lo dicho por los jovenzuelos consistió en una serie de enseñanzas referidas a la estructura, fundamentos, y profundidad de cada una de las letras del alfabeto hebreo. (*véase* «Ben Yoyadá», Shabat 104).

En el Talmud de Jerusalén se acota que estos jóvenes mencionados formaban parte de una camada brillante.

La citada camada de niños marcaría un tiempo de oro en la historia del pueblo de Israel. Entre sus integrantes se encontraba Rabí Eliezer ben Orkenus quien, cuando creció, merced a su inconmensurable deseo de aprender y al esfuerzo derrochado, alcanzó un nivel notable de conocimientos. Su caudal adquirido alcanzó un grado tal que es considerado uno de los sabios de mayor trascendencia de todos los tiempos. Citas suyas abundan en el Talmud, en los libros de disertaciones llamados «Midrashim», y también en los escritos de la cábala.

Otro de los jóvenes que integraban esa camada era Rabí Yehoshúa ben Jananiá, quien también alcanzó niveles extraordinarios en sus conocimientos, a tal punto que fue nombrado Director del Tribunal Supremo de Justicia. Rabí Yehoshúa poseía tanta sapiencia, inteligencia y fe en El Eterno, que también fue propuesto para ser el *«nasí»*, es decir, el máximo mandatario del pueblo de Israel (Talmud, Tratado de Berajot 28, Tosafot).

Estos jóvenes tan capaces, en su primer día de estancia en la academia donde estudiaban los mayores, revelaron detalles asombrosos que se aprenden de las letras hebreas. A continuación nos ocuparemos de transcribir y explicar estas confidencias.

LETRAS *Alef* Y *Bet*

La primera letra del alfabeto hebreo es *Alef*, y su símbolo es éste:

La segunda letra del alfabeto hebreo es *Bet*, y su símbolo es éste:

Los jóvenes dijeron acerca de la letra *Alef* y la letra *Bet*: estos caracteres enseñan que hay que estudiar la Torá y entenderla.

El motivo es porque la letra *Alef* es la inicial de la palabra «*elaf*» que significa «estudiar»:

אלף   = nombre de la letra *Alef*

y también

אלף   = estudiar

En cuento a la letra *Bet*, dijeron que es la inicial de la palabra «*biná*», que significa «entendimiento». Resulta que estos dos caracteres predican que hay que «estudiar la Torá y entenderla».

Sintetizando:

אלף ← inicial de ← א
elaf   *Alef*

בינה ← inicial de ← ב
B*iná*   *Bet*

Las letras *Alef* y *Bet* indican que el estudio debe ser profundo y agudo, de modo que se logre aprehender lo leído, pudiéndose extraer conclusiones certeras y puntuales.

LETRAS *Guimel* Y *Dalet*

La tercera letra del alfabeto hebreo es *Guimel,* y su símbolo es éste:

La cuarta letra del alfabeto hebreo es *Dalet*, y su símbolo es éste:

ד

Los jóvenes se refirieron a las letras *Guimel* y *Dalet* brindando estas excepcionales enseñanzas:

Dijeron: «Él siguiente par de letras que encontramos en el alfabeto hebreo es éste»:

Estos caracteres conforman las iniciales de las palabras «*guemul dalim*»: «hacer obras de bien a los necesitados».

Estos términos («*guemul dalim*») en su original hebreo se escriben de esta manera:

דלים גמול

Y el significado de estas palabras es:

«*guemul*» = obrar

«*dalim*» = necesitados

MÁS ACERCA DE ESTE TEMA

Tras esta declaración, los jóvenes explicaron más cosas sorprendentes que enriquecieron notablemente el enunciado expuesto.

Dijeron: «¿Cuál es el motivo por el que el pie de la letra *Guimel* está extendido en dirección hacia la letra siguiente que es *Dalet* y no está en dirección de la letra anterior que es *Bet*?» (Shabat 104, Rashi).

Explicamos esto que dijimos
gráficamente y resulta:

Ésta es la letra *Guimel*

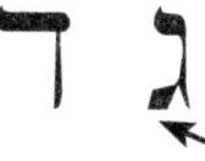

Por lo tanto decimos que:

El pie de la letra *Guimel* orienta en dirección
de la letra siguiente que es *Dalet*

El pie de la letra *Guimel* NO se orienta
en dirección de la letra anterior que es *Bet*

Los jóvenes explicaron que ello se debe a que es usual en aquel que ama hacer el bien al prójimo (en hebreo *«gomel jasadim»*), correr detrás de los necesitados (*«dalim»*) para llegar a ellos y ayudarles. (Cabe desatacar que arriba dijimos *«guemul»* y ahora *gomel*, lo cual se debe a que ambas son conjugaciones de un mismo verbo, que denota «hacer el bien».)

ESQUEMA ALUSIVO

En el gráfico se aprecia claramente que el pie de aquel que desea ayudar *–gomel–*, está en dirección de los *dalim*, o sea, de los necesitados. Se comprende la razón por la cual el pie de la letra *Guimel* –en alusión al que desea dar, es decir, gomel– está en dirección de la *Dalet*, en alusión al que necesita recibir, es decir, *dal*.

Acotemos además, que los necesitados –*dalim*–, y la posición de sus cuerpos cuando piden, se asemejan a la letra *Dalet* que es la inicial de *dalim*. (Maarshá en su comentario al Talmud, tratado de Shabat 104ª)

AMPLIACIÓN DEL CONCEPTO

Para comprender este último concepto citado gráficamente, observaremos la posición de una persona que necesita ayuda, y la de aquel que se dispone a dar lo que el otro necesita. Comprobaremos que las posiciones de sus cuerpos se asemejan a la letra *Guimel*, en quien se dispone a dar y *Dalet*, en quien necesita recibir.

Aquí mostramos cómo quedaría el esqueleto de las citadas letras, dentro del cuerpo de aquel que necesita recibir, y de aquel que desea dar:

ENSEÑANZA RELACIONADA

Después de exponer la enseñanza primordial que resulta de las letras *Guimel* y *Dalet*, los jóvenes prosiguieron ampliando de manera extraordinaria el tema. Preguntaron: «¿Y por qué el pie de la letra *Dalet* está extendido (inclinado levemente) en dirección a la *Guimel*, que es la letra anterior, y no en dirección a *Hei*, que es la letra posterior?». (Talmud Shabat 104, Rashi).

Este enunciado en forma gráfica debe verse así:

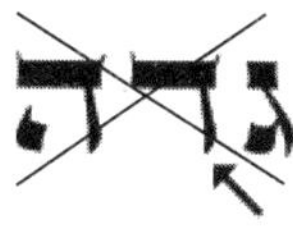

El pie de *Dalet* está en dirección de *Guimel*

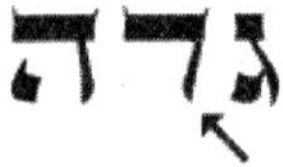

El pie de *Dalet* no está en dirección de *Hei*

Respondieron: «Es para que los necesitados encuentren ellos mismos a los que desean ayudar». De esta manera les evitan, a aquellos que quieren dar, la molestia de tener que ir en busca de los necesitados para darles.

Así los necesitados hacen también su acto de «*guemilut jasadim*» (hacer el bien al prójimo), al ahorrar a quien quiere dar, la necesidad de tener que salir para hacerlo (Maarshá).

UN DATO MÁS

Como broche final a estas brillantes explicaciones acerca de estas dos letras, los niños preguntaron: «¿Por qué la letra *Dalet* da vuelta su rostro a la letra *Guimel*?»

Respondieron: «Es para anunciar al que da, que lo haga en forma recatada para, de esta manera, no avergonzar al necesitado».

III
DOS LETRAS FUNDAMENTALES

En este capítulo se analiza puntillosamente el siguiente par de letras que aparece en el alfabeto hebreo tras los dos primeros pares ya abordados: *Alef* y *Bet*, *Guimel* y *Dalet*.

LETRAS *He* Y *Vav*

Tras referirse a los primeros cuatro caracteres del alfabeto, los jóvenes prosiguieron explicando acerca de los subsiguientes.

La quinta letra del alfabeto hebreo es *He*, y su símbolo es éste:

La sexta letra del alfabeto hebreo es *Vav*, y su símbolo es éste:

Los jóvenes dijeron sobre estas dos letras:

Estos dos caracteres conforman uno de los nombres de El Eterno.

Vav ⟶ וֹ הֹ ⟵ *He*

He + *Vav* = nombre de El Eterno

EXPLICACIÓN

En la Biblia existen múltiples versículos en los que aparece el nombre de El Eterno.

Un ejemplo:

«Ésta es la descendencia de los Cielos y la Tierra cuando fueron creados, en el día de hacer El Eterno, Dios tierra y cielos» (Génesis 2: 4).

Veamos el original en hebreo para ver cómo está escrito el nombre de El Eterno:

אֵלֶּה תוֹלְדוֹת הַשָּׁמַיִם וְהָאָרֶץ, בְּהִבָּרְאָם:
בְּיוֹם, עֲשׂוֹת יְהוָה אֱלֹהִים--אֶרֶץ וְשָׁמָיִם.

Apreciamos que el nombre de El Eterno está escrito de este modo:

יְ–הֹ–וֹ–הֹ

Esta forma de escribir el nombre de El Eterno es la que aparece en todo el Pentateuco. Sin embargo, existe una excepción. La misma aparece en un versículo que encontramos en Éxodo (17:16):

"Porque la mano de El Eterno está sobre Su trono (en señal de juramento), en guerra con Amalek, de generación en generación".

Veamos el texto original en Hebreo:

Si observamos atentamente el pasaje, apreciaremos dos anomalías:

«Trono», en su original en hebreo se dice *kisé*.

כסא

Y así está escrito en todo el Pentateuco. Sin embargo en este versículo citado, como podemos observar, está escrito *kes*.

כס

Vemos claramente que falta una letra.

Y lo mismo acontece con el nombre de El Eterno, ya que en vez de estar escrito como es usual…

י–ה–ו–ה

… está escrito

י–ה

… que es sólo la primera parte del mismo.

CONCLUSIÓN

Hemos llegado a la conclusión de que las letras que faltan del nombre de El Eterno en este versículo, son las que los niños del Talmud dijeron que conforman uno de los nombres de El Eterno.

$$\text{ו–ה}$$

Comprendemos, entonces, que la primera parte del nombre de El Eterno…

$$\text{י–ה}$$

… es en realidad un nombre de El Eterno independiente. En tanto que, la segunda parte del nombre de El Eterno…

$$\text{ו–ה}$$

…es también un nombre de El Eterno independiente. Y ambos nombres de El Eterno, cuando están unidos, forman el nombre de El Eterno completo.

CONJETURAS

Lo enseñado por los niños acerca de las seis primeras letras del alfabeto conforma una reseña realmente fascinante. Además nos ha deleitado, como deleitó a los mayores de la academia el día que los jóvenes lo enseñaron.

Pero también es necesario recordar que en el Talmud se dijo: «Los niños recién egresados de la escuela preparatoria, asistieron a la academia mayor y, en su primer día de estudios junto a los mayores, revelaron informaciones que no fueron escuchadas siquiera en los días de Josué –*Yeoshúa bin Nun*– (el sucesor de Moshé)».

Por lo tanto, no es posible decir que lo que acabamos de leer contiene la enseñanza de todo lo que ellos transmitieron. Es inevitable suponer que su mensaje alcanza una profundidad mucho mayor a lo visto hasta ahora.

Es por eso, que el gran erudito Maarshá, elaboró un informe en el que nos muestra varios detalles de la profundidad que alcanza lo dicho por los jóvenes. Sobre la base de la explicación de Maarshá, confeccionamos una síntesis que presentamos a continuación.

Cómo se completa el nombre de El Eterno

Anteriormente apreciamos un versículo en el cual se advierte que el nombre de El Eterno está truncado, lo que deja en manifiesto lo enseñado por los niños, que las letras *Vav* y *He* conforman un nombre de El Eterno. A partir de esta declaración, surgió una pregunta evidente: ¿cómo es posible enmendar esa inexactitud?

La respuesta fue que una de las maneras de completar el nombre de El Eterno es mediante el estudio de la Torá.

Procedimiento

Se explica a continuación la manera exacta mediante la cual se logra a través del estudio de la Torá enmendar el nombre truncado de El Eterno.

La Torá se compone de una parte oral, y otra escrita. La base de la Torá escrita es el Pentateuco, el cual, tal como su nombre indica, está compuesto de cinco libros.

Por lo tanto, a partir de esta definición decimos que esos cinco libros del Pentateuco, están indicados en la letra *He* del nombre de El Eterno que falta completar. Ya que el valor numérico de *He* es precisamente 5.

$$ה = 5$$

La Torá oral, que es la explicación de la escrita, está compuesta básicamente por los seis órdenes de la Mishná. Decimos entonces, que los seis órdenes de la Mishná están indicados en la letra *Vav* del nombre de El Eterno que falta completar. Ya que el valor numérico de *Vav* es precisamente 6.

$$ו = 6$$

Resulta que:

- ▸ 5 libros del Pentateuco = letra *He* del nombre de El Eterno que falta completar.
- ▸ 6 tratados de la Mishná = letra *Vav* del nombre de El Eterno que falta completar.

O sea,

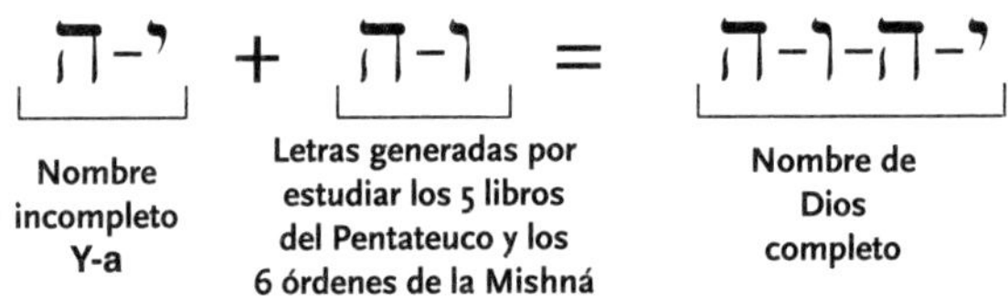

Nombre incompleto Y-a	+	Letras generadas por estudiar los 5 libros del Pentateuco y los 6 órdenes de la Mishná	=	Nombre de Dios completo

SEGUNDA MANERA DE COMPLETAR EL NOMBRE DE DIOS

Otra manera de completar el nombre de El Eterno a través de nuestras acciones es apiadándose del prójimo, dándole lo que necesita, ya que éste es uno de los preceptos más importantes que existen.

Veamos cómo es esto:

Por lo general, previamente a nuestra decisión de ayudar a otro, se generan dos móviles, los cuales son obligatorios para que nuestra actitud pueda concretarse:

1. Existe un necesitado que requiere ayuda,
2. Disponemos de medios y fondos para darle.

Analizamos ahora estos dos móviles y deducimos:

Las monedas que tenemos en nuestro poder, son redondas, o sea, se parecen a la letra *Iod*. Éste es un dibujo de la forma de la letra *Iod*:

A su vez, el necesitado, tomará la moneda con sus cinco dedos de la mano. Y sabemos que 5 es el valor numérico de la letra *He:*

$$ ה = 5 $$

Resulta que los cinco dedos de la mano del necesitado están indicados por la letra *He* del nombre incompleto de El Eterno (recordemos que el nombre incompleto de El Eterno es Y-a). En tanto que la moneda, está indicada en la estructura de la letra *Iod*, de ese nombre.

= 5 dedos = valor letra ה

10 moneda = letra י

o sea

Dedos + moneda = ה + י

הי = Nombre de Di-s (incompleto)

Veremos ahora, cómo completar el nombre de El Eterno a través de la acción de darle al necesitado esa moneda que tanto está esperando.

La explicación

Tengamos en cuenta, que para dar la moneda al necesitado debemos extender nuestro brazo, y con los cinco dedos de nuestra mano le entregaremos la moneda.

El brazo extendido representa a la letra *Vav*, mientras que los cinco dedos con los que le damos la moneda están indicados en el valor numérico de la letra *He*, que es justamente cinco.

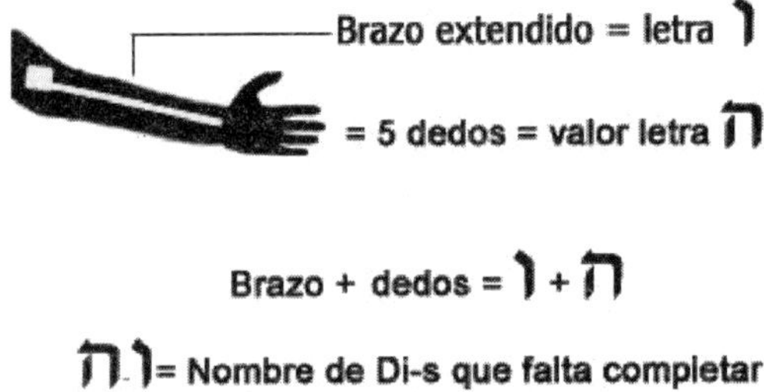

Surge de lo expuesto que, a través de una acción benévola de dar una moneda a un necesitado, completamos el nombre de El Eterno.

Aquí vemos la representación gráfica de los cuatro elementos que permiten al nombre de El Eterno estar completo.

1. El brazo extendido del dador se asemeja a una letra *Vav*.
2. Los 5 dedos de la mano del dador se corresponden con la letra *He*, cuyo valor numérico es 5.
3. La moneda tiene la forma de la letra *Iod*.
4. Los 5 dedos de la mano del receptor se corresponden con la letra *He*, cuyo valor numérico es 5.

Resulta de nuestra acción el nombre de El Eterno completo:

$$\text{ה–ו–ה–י}$$

(Basado en el libro Ben Yoyadá, Shabat 104)

RESUMEN

Hemos apreciado en las letras *Alef* y *Bet* la consigna de estudiar la Torá. Luego, en las letras *Guimel* y *Dalet*, la de realizar actos de bondad. Y también vimos cómo a través de esas acciones se completa con las letras *Vav* y *He* el nombre de El Eterno que se encuentra quebrado.

Respecto a estas dos acciones que están representadas en las cuatro primeras letras del alfabeto hebreo, el estudio de la Torá y apiadarse de los necesitados, las mismas constituyen dos de los tres pilares sobre los cuales el mundo se sostiene. Ya que así lo enseñaron los sabios en el tratado de Pirkei Avot:

> Shimón el justo era el remanente de la Gran Asamblea (una institución rabínica que existió en tiempos del Segundo Templo Sagrado). Él solía decir: «sobre tres cosas el mundo se sostiene: la Torá, el servicio (la plegaria), y los actos de bondad». (Pirkei Avot 1: 2)

Advertimos que Shimón el justo consideró a estos tres actos como esenciales para que el mundo se mantenga. Y nosotros vimos que dos de estos actos, (el estudio de la Torá, y ser generoso con los demás), logran además completar también el nombre de El Eterno, lo cual conlleva a la redención final. Pero como los pilares son tres, preguntamos: ¿es posible que se produzca una acción similar en el tercer pilar, que es la plegaria?

La respuesta dada por los sabios es que también a través de la plegaria se puede completar el nombre de El Eterno.

La plegaria que completa el nombre

Hay una deprecación, la cual está considerada una de las más importantes. La misma se recita cada vez que se culmina una serie de alabanzas, o un estudio y hay un quórum de 10 hombres presentes. Esta oración recibe el nombre de Kadish.

El recitado del Kadish puede durar un minuto o dos. Pero el efecto que produce es tan grande que tiene la fuerza de elevar incluso a las almas de los fallecidos, pues hace que las mismas sean llevadas a lugares mucho más confortables espiritualmente, permitiéndoles de ese modo, disfrutar de placeres espirituales inimaginables. También a aquellos que pecaron y fallecieron, es posible ayudarlos a encontrar un nivel mejor recitando por ellos el Kadish.

Por esta razón, aquellos que tienen parientes que han fallecido, asisten a la sinagoga a recitar por ellos el Kadish. Principalmente lo hacen el día en el que se conmemora el aniversario de fallecimiento.

Acerca del Kadish

Tal como lo adelantamos, esta alabanza es muy elevada, y se han escrito libros enteros al respecto. Nosotros sólo abordaremos lo que nos concierne para aclarar el tema que estamos tratando. Es decir, cómo se puede completar el nombre de El Eterno a través de recitar el Kadish, o simplemente a través de responder Amén, cuando otro lo recita.

EXPLICACIÓN

El Kadish comienza con las palabras «Engrandecido y santificado sea el gran nombre de Dios».

En hebreo, este verso sería así (primero lo trascribimos en fonética): «Ytgadal veitkadash shméh rabá».

Estas palabras, en su original hebreo se escriben así:

יתגדל ויתקדש שמיה רבא

Tomamos ahora las dos primeras palabras de esta primera estrofa del Kadish para analizarlas:

יתגדל ויתקדש

Observamos que la primera palabra -*itgadal*- tiene cinco letras, y la segunda –*veitkadash*– seis.

יתגדל ויתקדש
1 2 3 4 5 6   1 2 3 4 5

Estos valores, 6 y 5, son los mismos que poseen las letras *Vav* y *He*. Pues como lo hemos dicho anteriormente, el valor numérico de la letra *Vav* es 6, y el valor de *He* es 5.

ה = 5
ו = 6

Resulta que los 5 caracteres de *itgadal*, la primera palabra del Kadish, indican el valor de la letra *He* del nombre de El Eterno. En tanto que los 6 caracteres de *veitkadash*, la segunda palabra que consta en el Kadish, indican el valor de la letra *Vav* del nombre de El Eterno.

Resulta que el nombre de El Eterno que está incompleto.

$$י–ה$$

Se completa a través del Kadish, y pasa a estar completo.

$$י–ה–ו–ה$$

RESUMEN

Nombre incompleto + Nombre que se completa con Kadish = Nombre Completo

SACAR COROLARIOS

Aplicando esto que hemos deducido, el primer párrafo del Kadish nos quedaría así: «A través de *Vav – He* sea engrandecido y santificado el gran nombre de El Eterno».

Es decir: «A través de la sigla *Vav – He*, que conforma Su nombre incompleto, sea engrandecido y santificado el gran nombre de El Eterno, completándose en su totalidad».

NUEVA DILUCIDACIÓN

Seguidamente se analiza un nuevo detalle de las palabras del Kadish. Como se ha dicho la primera estrofa del Kadish es:

«Engrandecido y santificado sea el gran nombre de Dios». La expresión: «nombre de Dios» requiere aclaración.

En su original en hebreo «nombre de Dios» se escribe así:

$$שמיה$$

Este término permite ser separado en dos. Al hacerlo, se produce la formación de dos vocablos: *Shem – Ya*

$$שמ – יה$$

Shem significa «nombre», y *Ya* es el nombre de Dios que está incompleto.

יה = (Nombre de Dios incompleto)

שמ = Nombre

Resulta que a través de las once primeras letras del Kadish, que representan el nombre *Vav – He* será engrandecido y santificado el nombre incompleto de El Eterno *Ya*, completándose en su integridad.

$$יה + וה = יהוה$$

Nombre incompleto *Ya* | Letras generadas por estudiar las dos primeras palabras de *Kadish* | Nombre de Dios completo

(Ben Ysh Jai, Vaijí – Ari Zal, Shaar Hakavanot.)

Conclusión

Realizando las tres acciones que conforman los pilares del mundo, el estudio de la Torá, ser generoso con los necesitados, y la plegaria, estaremos completando el nombre de El Eterno.

Esto está representado en las seis primeras letras del alfabeto hebreo, tal como lo explicamos antes.

Alef – Bet = estudio de la Torá

Guimel – Dalet = ser generoso con los necesitados,

He – Vav = el nombre de El Eterno (que se obtiene a través de las acciones mencionadas más la plegaria).

Hasta aquí llega el esfuerzo requerido a la persona para unirse a Dios y rectificar el mundo. En el capítulo siguiente nos referiremos a la retribución de aquellos que se esmeran en cumplir con este requisito.

IV
ESTIPENDIO POR CUMPLIR LOS PRECEPTOS

En el capítulo previo se llegó a la conclusión de que realizando las tres acciones que conforman los pilares del mundo, el estudio de la Torá, ser generoso con los necesitados, y la plegaria, es posible completar el nombre de El Eterno.

Además se dijo que esto está representado en las seis primeras letras del alfabeto hebreo.

Ahora bien, llevar a la práctica lo enunciado, requiere de un gran esfuerzo personal, y por tal factor no es de extrañar que tras esta dura puja haya una retribución acorde.

La retribución a percibir por el cumplimiento de los preceptos que permiten la existencia del mundo fue precisamente el tema abordado a continuación por los extraordinarios jóvenes que disertaban en la academia de estudios de los mayores en su primer día de estadía en ese lugar. Ellos, tras la sensacional apertura brindada, prosiguieron explicando a partir de las letras del alfabeto hebreo lo concerniente a la recompensa dispuesta para los que realizan los preceptos antes enumerados.

Enunciado

> ✓ La séptima letra del alfabeto hebreo es *Zain*, y su símbolo es éste: ז

✓ La octava letra del alfabeto hebreo es *Jet*, y su símbolo es éste: ח

✓ La novena letra del alfabeto hebreo es *Tet*, y su símbolo es éste: ט

✓ La décima letra del alfabeto hebreo es *Iod*, y su símbolo es éste: י

✓ La décima primera letra del alfabeto hebreo es *Caf*, y su símbolo es éste: כ

✓ La décima segunda letra del alfabeto hebreo es *Lamed*, y su símbolo es éste: ל

Explicación

Los jóvenes, con una pasmosa convicción, dijeron: «si haces lo indicado por las seis primeras letras del alfabeto, entonces recibirás el pago anunciado en las seis siguientes letras del alfabeto».

Tras enunciar esta relevante y alentadora proclamación comenzaron a desglosar una a una las letras siguientes, con el fin de extraerles la enseñanza correspondiente:

Zain:

La letra *Zain* es la inicial de *zan* que significa «sustentar».

ז es la letra inicial de זן

זן = sustenta

Se aprende que tras cumplir los requisitos anunciados en las seis primeras letras del alfabeto hebreo, el premio que el Todopoderoso da por haber hecho Su voluntad es otorgarle «sustento».

El pago mencionado a cambio de la observancia de los preceptos trascendentales, sobre cuya base el mundo se mantiene, es realmente seductor. Pero es imperioso saber que no se trata de la única retribución asignada, pues los jóvenes siguieron disertando sobre el tema, y enseñaron:

Jet:

Después de la letra *Zain* se halla en el alfabeto hebreo la letra *Jet*. La misma es la inicial de la palabra hebrea *jen*, que significa «gracia». Manifiesta que El Eterno le dará *jen* a esta persona que cumplió con los requisitos anunciados en las seis primeras letras del alfabeto, es decir, «gracia».

ח es la letra inicial de חן

חן = gracia

El Eterno otorgará «gracia» a esta persona que fue fiel y realizó Su voluntad haciendo lo necesario para que el mundo se mantenga. Sin embargo, aún no culmina con este otorgamiento concedido la totalidad de la retribución asignada, ya que hay más recompensas establecidas, como se verá a continuación.

Tet:

Además de conceder sustento y gracia a la persona que lleva a cabo los preceptos fundamentales a través de los cuales el mundo se mantiene, El Eterno le concederá «el bien».

Esto es posible verificarlo a partir de una dilucidación derivada de la letra siguiente del alfabeto hebreo, que es *Tet*.

Tet es la inicial de *tov* que significa «bien». Asimismo, el término *Tov* da origen a la palabra *metiv* que significa «hacer el bien».

ט es la letra inicial de טוב

טוב da origen a la palabra מטיב

מטיב = hacer el bien

Este merecimiento se acredita después de que tú has hecho el bien a otros dándoles generosamente de lo tuyo. Entonces El Eterno te retribuye de la misma manera, bien por bien.

Iod:

Lo descrito no es lo único que se recibe por haber cumplido con los mandatos anunciados en las seis primeras letras del alfabeto. También El Eterno otorga a esa persona heredad, *yerushá*.

Esto está indicado en la letra inicial de *yerushá*, que es *Iod*.

י es la letra inicial de ירושה

ירושה = heredad

Caf:

Además de lo citado, El Eterno dará a esta persona fiel «una corona para el mundo venidero».

Es posible apreciar lo referente a esta acreditación a partir de la letra *caf*, que es la inicial de *keter*. Pues Keter significa «corona».

Lamed:

Luego, la letra siguiente a *caf* es *Lamed*. Esta letra es la inicial de *LeOlam Habá*, que significa «para el Mundo Venidero».

Resulta que por cumplir con los mandatos anunciados en las seis primeras letras del alfabeto, El Eterno otorga una corona para el Mundo Venidero.

כ es la letra inicial de כתר

כתר = corona

ל es la inicial de

לעולם הבא

que significa

para el Mundo Venidero

RESUMEN

Éstas son las seis retribuciones que otorga El Eterno a los que realizan lo indicado en las seis primeras letras del alfabeto:

Sustento ←	זן ←	ז
Gracia ←	חן ←	ח
Bien ←	טוב ←	ט
Heredad ←	ירושה ←	י
Corona ←	כתר ←	כ
Mundo Venidero ←	לעולם הבא ←	ל

Sin duda, estas retribuciones, que se obtienen a cambio del esfuerzo realizado en cumplir con lo anunciado en las seis primeras letras del alfabeto hebreo, son excelentes. Por eso, es menester esmerarse y destinar lo mejor de uno para abocarse denodadamente a esta remunerativa actividad.

V
MÁS LETRAS

Tras brindar un informe completo sobre lo que es necesario hacer para lograr que el mundo se mantenga, y tras detallar el estipendio que se obtiene por hacerlo, los jóvenes que se presentaron en la academia de estudio de los mayores prosiguieron con la disertación iniciada. Se abocaron a describir las letras siguientes del alfabeto hebreo, junto a la respectiva enseñanza que surge de su estructura. Se refirieron inmediatamente a la letra *Mem*:

LETRA *Mem*

La decimotercera letra del alfabeto hebreo es *Mem*, y su símbolo es éste: מ. La letra *Mem* común, es abierta, (tiene un pequeño espacio abierto en la parte inferior izquierda). Esta letra se escribe en cualquier sector de la palabra que requiere *Mem*, excepto al final de la misma. Aquí vemos la abertura de la letra *Mem*:

Abertura

La variante

Al final de las palabras que requieren *Mem*, se escribe una letra *Mem sofit –Mem* final–.

Éste es el gráfico correspondiente a *Mem* sofit: ם
La *Mem* sofit es totalmente cerrada.

Explicación

Los jóvenes elucidaron a partir de la estructura de la letra *Mem*. La letra *Mem* es la inicial de la palabra *maamar* que significa «pronunciación». Hace referencia a los estudios de la Torá que son pronunciados por quienes los comprenden.

ם es la letra inicial de מאמר

מאמר = pronunciación

Desglose

Existen dos tipos de *maamar* –estudios–, el abierto, y el cerrado:

El primero es aquel estudio permitido de ser llevado a cabo sin ninguna restricción. El mismo puede ser pronunciado abiertamente y es denominado *maamar patuaj* –estudio abierto–.

Este tipo de estudio permitido para pronunciar en público en forma abierta, está sugerido por la letra *Mem* abierta, pues la misma es la inicial de la palabra *maamar* y está abierta, aludiendo al estudio abierto.

Asimismo, existe un tipo de estudio prohibido para ser pronunciado en forma pública, ante un grupo de gente. El mismo es denominado *maamar sagur* –estudio cerrado–.

Un estudio cerrado se permite enseñarlo sólo a aquellos eruditos muy avanzados, y debidamente preparados, ya que contiene temas muy profundos, cuya mala interpretación puede generar serios trastornos. (Basado en el comentario de Rashi al Talmud, tratado de Shabat 104.)

Este tipo de estudio que está prohibido pronunciar en forma pública ante un grupo de gente, denominado *maamar sagur*, está aludido por la letra *Mem* final, pues es la misma letra con que comienza la palabra *maamar* pero con la variante de que está cerrada, aludiendo al *maamar sagur* –estudio cerrado–.

מ es la inicial de מאמר

מאמר = estudio

Los estudios son generalmente abiertos y así lo indica la letra מ abierta con la que comienza la palabra מאמר

Pero existe una **Mem** cerrada en el alfabeto hebreo: ם

¿Qué es lo que esta variante pretende enseñar?

Que existe también un מאמר סגור

מאמר סגור = estudio cerrado

Reseña

La *Mem* común o abierta hace alusión al estudio de la Torá abierto a todo público –*maamar patuaj*–.

La *Mem* final o cerrada hace alusión al estudio de la Torá cerrado a todo público –*maamar sagur*–, el cual se permite sólo a los eruditos debidamente capacitados para asimilarlo.

LETRA *Nun*

La decimocuarta letra del alfabeto hebreo es *Nun*, y su símbolo es éste: נ

Esta letra se escribe en cualquier sector de la palabra que requiere *Nun*, excepto al final de la misma.

La variante

Al final de las palabras que requieren *Nun*, se escribe una letra *Nun sofit* –Nun final–.

ן

Los jóvenes se refirieron a la letra *Nun* de esta manera:

Hay en el alfabeto hebreo una *Nun* extendida –*Nun* final–, y una *Nun* encorvada –*Nun* común–.

Nun encorvada ⟶ נ – ן ⟵ *Nun* extendida

La letra *Nun* encorvada es la inicial de la palabra *neemán*, que significa «fiel».

נ es la letra inicial de נאמן

נאמן = fiel

El hecho de ser la letra *Nun* encorvada la inicial de la palabra *neemán*, que significa «fiel», indica que las personas que son fieles a El Eterno deben ser como la *Nun* encorvada, es decir, de bajo perfil y humildes.

En la figura que se muestra a continuación, puede apreciarse gráficamente lo enunciado:

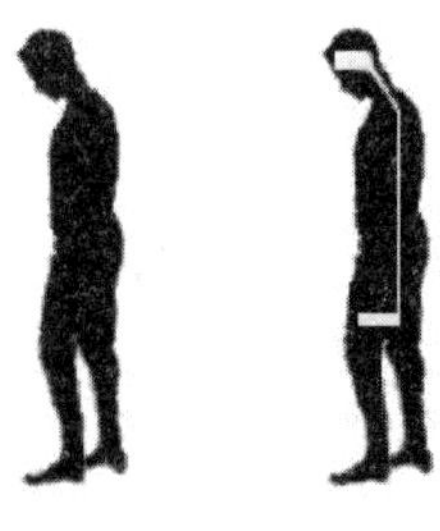

Variante

Estos individuos fieles a El Eterno, que no son orgullosos y hacen Su voluntad, tienen asignada una retribución acorde. La misma está aludida en la variante de la letra *Nun* encorvada, que es la letra *Nun* extendida.

Como premio al gran esfuerzo que estas personas fieles a El Eterno hacen, estarán «extendidos y erectos» en el Mundo Venidero, tal como la anuncia la estructura de la letra «*Nun* extendida».

La figura que se muestra a continuación, permite comprender lo enunciado en forma clara:

Una prueba

Para corroborar lo que se dijo, es suficiente con observar los rasgos de la palabra *neemán* –fiel–.

נאמן

La primera letra que aparece en la palabra *neemán* es *Nun* común, o sea, *Nun* encorvada.

נאמן

Esto indica que aquel que es fiel a El Eterno, comienza con postura encorvada.

Sin embargo, al final de la palabra *neemán* hay una letra *Nun* extendida.

נאמן

Esto indica, que el fiel a El Eterno en este mundo, comienza con postura encorvada, pero al culminar su camino, adoptará una postura extendida, de la cual podrá disfrutar en el Mundo Venidero.

La figura que se muestra a continuación presenta una clara evidencia de lo enunciado:

Ahora   En el futuro

LAS LETRAS *Samej* Y *Ain*

La decimoquinta letra del alfabeto hebreo es *Samej*, y su símbolo es éste: ס. La décimasexta letra del alfabeto hebreo es *Ain*, y su símbolo es éste: ע. Los jóvenes disertaron también sobre estas dos letras del alfabeto hebreo.

Dijeron: «Son las iniciales de *simanín hacé*, que significa "Haz señales".»

ע es la inicial de עשה

עשה = haz

ס es la inicial de סימנין

סימנין = señales

«Haz señales» implica que deben hacerse señales de los temas que se estudian. O sea, hacer señales para recordar lo aprendido y no olvidarlo, tal como solían hacer los sabios en la época del Talmud.

Esta enseñanza brindada por los jóvenes fue seguida por una indicación específica. Dijeron: «Haz señales en la Torá y adquiérela».

Ejemplo

En el Talmud encontramos muchos ejemplos de este tipo. Uno muy claro lo hallamos en el tratado de Taanit 2 a. Allí se mencionan cuatro llaves que están directamente en manos del Todopoderoso, y no las entrega a un intermediario.

Esas llaves son:

- ✓ «Lluvia» – en hebreo *metar*
- ✓ «Sustento» – en hebreo *parnasá*
- ✓ «Resurrección de los muertos» – en hebreo *tejiá*
- ✓ «Vida» (llegada al mundo de nuevas vidas, o sea «nacimientos») – en hebreo *jaim*.

Para acordarse fácilmente de esas cuatro llaves los sabios dieron una señal mnemotécnica. Dijeron: «Acuérdense de la palabra *mafteaj*, que significa "llave", y recordarán cuáles son las cuatro llaves que están directamente en manos de El Eterno».

Veámoslo gráficamente:

Mafteaj –«llave»– se escribe así:

Si prestamos atención, veremos que cada una de las letras de la palabra *mafteaj* es la inicial de una de las cuatro llaves que están en manos de El Eterno y no las entrega a un intermediario.

Haciendo señales como ésta, será posible alcanzar lo anunciado por los jóvenes, lo cual se aprende de las letras *Ain* y *Samej*: «Haz señales en la Torá y adquiérela».

A través de las señales mnemotécnicas que dispongamos para recordar lo aprendido, será posible adquirir la Torá.

LETRA *Pe*:

La decimoséptima letra del alfabeto hebreo es *Pe*, y su símbolo es éste: פ. Esta letra se escribe en cualquier sector de la palabra, excepto al final de la misma.

La variante

Al final de las palabras que requieren *Pe*, se escribe una letra *Pe sofit* –Pe final–. ף

Los jóvenes se refirieron a esta letra. Dijeron: «Existen dos tipos de *Pe*, la común o cerrada, que se escribe en cualquier parte de la palabra, y la *Pe* final o abierta, que se escribe sólo al final de las palabras».

Pe común o cerrada ⟶ פ – ף ⟵ *Pe* final o abierta

La letra *Pe* es la inicial de *pe* que significa «boca».

פ es la letra inicial de פֿה
פֿה = boca

Por eso ellos dedujeron, que *Pe* abierta y *Pe* cerrada, se refieren a una «boca abierta» y una «boca cerrada».

Esto significa, que hay ocasiones en las cuales hay que hablar, y ocasiones en las cuales es necesario callarse.

¿Cuándo hay que hablar? Cuando los sabios se callan y no enseñan a sus alumnos, en ese caso debes hacerlo tú, hablando a ellos las palabras de la Torá que sabes.

¿Cuándo hay que callar? Cuando los sabios hablan y enseñan la Torá a los alumnos, y en ese caso, es necesario callar y dejar hablar a los que saben más. (Rashi)

La letra *Tzadi*

La decimoctava letra del alfabeto hebreo es *Tzadi*, y su símbolo es éste: צ. Esta letra se escribe en cualquier sector de la palabra, excepto al final de la misma.

La variante

Al final de las palabras que requieren *Tzadi*, se escribe una letra *Tzadi sofit* –Tzadi final–: ץ. Los jóvenes disertaron también sobre esta letra. Dijeron: «existe en el alfabeto hebreo una *Tzadi* encorvada, y una *Tzadi* extendida».

Tzadi común o encorvada⟶ צ − ץ⟵ *Tzadi* final o extendida

La *Tzadi* encorvada se refiere al justo encorvado, y la *Tzadi* extendida al justo extendido.

LOS MAYORES PREGUNTAN

Los sabios, tras haber escuchado esta explicación, les dijeron: «Pero eso ya lo dedujisteis antes de la letra *Nun*».

Los jóvenes respondieron: «Es que a través de esto se añade encorvamiento (el expresado en la letra *Nun*) al encorvamiento (expresado en la letra *Tzadi*)». Es decir, el justo debe ser doblemente humilde, tal como consta en el tratado de Pirkei Avot (4: 4): «Has de ser muy, muy humilde ».

Vemos que no fue dicho «muy humilde», sino «muy, muy humilde», en alusión a la característica que debe tener un justo en este mundo, para heredar todos los beneficios que El Eterno reservó para él en el mundo venidero.

LAS LETRAS *Kof* Y *Reish*

La decimonovena letra del alfabeto hebreo es *Kof*, y su símbolo es éste: ק. La vigésima letra del alfabeto hebreo es *Reish*, y su símbolo es éste: ר. Los jóvenes dijeron acerca de estas letras: *Kof* es la inicial de *kadosh*, que significa «santo».

kadosh = santo

En tanto que *Reish*, es la inicial de *Rashá* que significa «malvado».

Rashá = malvado

Inmediatamente después de esta declaración, los jóvenes aclararon lo enseñado preguntando: «¿Cuál es el motivo por el que la letra *Kof* –el santo— da vuelta su rostro a la letra *Reish* –el malvado–?»

Gráfico alusivo

Aquí se aprecia en forma gráfica lo expuesto, dos individuos adoptando posiciones semejantes a las letras *Kof* y *Reish*.

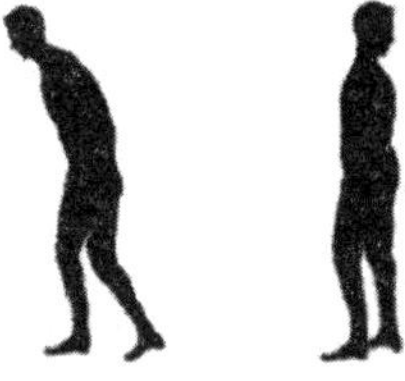

Incluimos las letras *Kof* y *Reish* en sus respectivos cuerpos para que el enunciado se vea más claro:

El malvado permanece agazapado para dar el golpe, su cuerpo se asemeja a la letra *Reish*. En tanto el justo, da vuelta a su rostro para no ver al malvado.

Prosigamos: tras esta ilustración gráfica, retomamos la pregunta pendiente: «¿Cuál es el motivo por el que la letra *Kof* –el santo– da vuelta su rostro a la letra *Reish* –el malvado–?»

Los jóvenes respondieron: «Lo que ocurre es que el Santo, –El Eterno– dijo: "Yo no puedo dirigir mi vista al malvado».

Una esperanza

Esta declaración puso a los perversos en una situación atroz, pues El Eterno les da vuelta el rostro. Pero como es piadoso, aun si se comportan inicuamente ante Su presencia, anhela que sus creaciones dejen de delinquir y retornen a Él.

Debido a este principio esencial, los jóvenes prosiguieron la disertación enunciando algo que alentaría las esperanzas de los malvados antes citados. En esta oportunidad se refirieron a la corona –*tag*– que hay sobre la letra *Kof.*

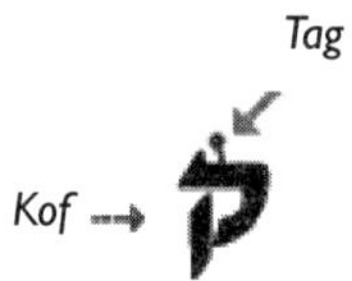

Esta corona –*tag*– que hay sobre la letra *Kof,* está levemente inclinada en dirección hacia la izquierda, o sea, en dirección hacia la letra *Reish.*

Preguntaron: «¿Por qué la corona –*tag*– de la letra *Kof* está inclinada en dirección de la letra *Reish*?».

Respondieron: «Es por lo que dijo el Todopoderoso: Si se arrepiente de su mal proceder, y compone su conducta, Yo le colocaré una corona como la Mía».

Otro detalle

Luego, los jóvenes preguntaron: «¿Cuál es el motivo por el que el pie de la letra *Kof* está en el aire (no está pegado al cuerpo de la letra)?».

Espacio
entre el pie
y el cuerpo de la letra *Kof*

Respondieron: «Es para que el malvado que se arrepiente de su mal accionar ingrese y retorne por allí».

Esto es como lo enseñado por el sabio Resh Lakish, quien dijo: «A quien se dispone a impurificarse, le abren una puerta (para que lo haga), y a quien viene a purificarse, (desde el Cielo) lo ayudan (le preparan una puerta para que ingrese, que es la representada por el espacio pequeño que hay entre el cuerpo y el pie de la letra *Kof*)».

LAS LETRAS *Shin* Y *Tav*

La vigesimoprimera letra del alfabeto hebreo es *Shin*, y su símbolo es éste: שׁ. La vigesimosegunda letra del alfabeto hebreo es *Tav*, y su símbolo es éste: ת.

Los jóvenes abordaron las dos últimas letras del alfabeto hebreo, enseñando esta vez algo notoriamente profundo. Explicaron el sistema denominado At-Bash, consistente en tomar la primera letra de una palabra y la última de otra, para extraer valiosas conclusiones.

Dijeron acerca de las letras *Shin* y *Tav*:

Shin es la inicial de *sheker*, que significa «mentira»,

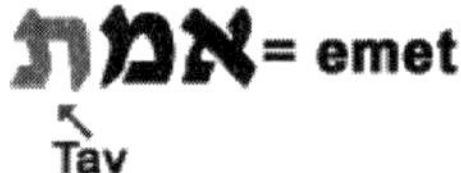

Tav, es la última letra de la palabra *emet*, que significa «verdad».

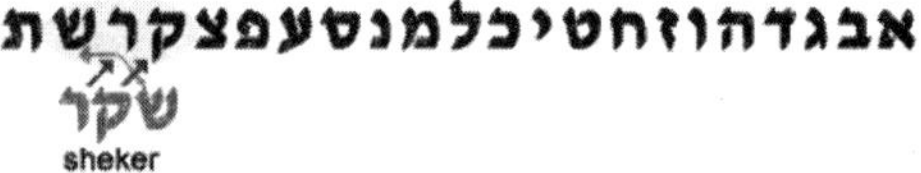

Tras este enunciado formularon una pregunta: «¿Cuál es el motivo por el que las letras de la palabra *sheker*, se encuentran en el alfabeto hebreo una próxima de la otra, mientras que las letras de la palabra *emet* están totalmente separadas una de la otra?».

אבגדהוזחטיכלמנסעפצקרשת

Vemos que las letras de la palabra *sheker* están juntas en el alfabeto hebreo (hay correlación entre ellas).

אבגדהוזחטיכלמנסעפצקרשת

Mientras que con las letras de *emet* no acontece lo mismo:

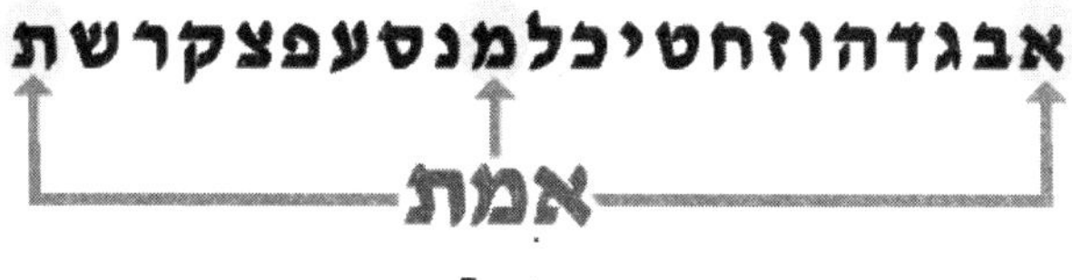

Apreciamos que las letras de la palabra *emet* están separadas en el alfabeto hebreo (no hay secuencia en ellas).

אבגדהוזחטיכלמנסעפצקרשת

אמת

Emet

Tras este enunciado, los jóvenes explicaron: «El motivo por el cual las letras de la palabra *sheker* están juntas en el alfabeto hebreo es porque la mentira en la gente es "frecuente". En cambio las letras de la palabra *emet* están separadas en el alfabeto hebreo porque la verdad "no es frecuente"».

Otra revelación

Los jóvenes dijeron otra cosa interesante acerca de las letras de la verdad y la mentira.

Preguntaron: ¿Por qué causa la mentira –*sheker*– se apoya sobre un solo pie, y la verdad –*emet*– tiene una base plana?

La mentira

Apreciamos en el gráfico que todas las letras de la palabra mentira –*sheker*–, tienen un solo pie.

שקר

sheker

Acotación

Pero eso no es todo, pues si observamos el conjunto completo de las letras de *sheker*, apreciaremos este mismo fenómeno en la palabra entera. Pues el pie de la letra *Kof* es más largo que el de las demás.

Pie de la letra *Kof* es más largo

Resulta que desde todo punto de vista, la mentira –*sheker*–, está apoyada sobre un solo pie. (Maarshá)

La verdad

En cambio lo que acontece con la verdad es muy diferente, ya que todas las letras de esta palabra tienen una base plana y estable, formada por dos pies.

Las letras de *emet* tienen base plana,
compuesta de dos pies

Y en el conjunto de las tres letras, también se da este mismo efecto, es decir, la base es plana, pues ningún pie de ninguna letra sobrepasa a la otra.

אמת

Todos los pies a
una misma altura

La respuesta

Ahora que está bien clara la diferencia entre los pies de la verdad y la mentira, veamos la respuesta que dieron los jóvenes acerca del motivo por el cual esto es así.

Dijeron: «Es porque la verdad se mantiene, en cambio la mentira no se mantiene».

Con esto los jóvenes dieron por finalizada la primera parte de la exposición. Seguidamente pasaron a profundizar lo enunciado al dar comienzo a la disertación sobre las dos últimas letras del alfabeto hebreo, cuando explicaron el sistema de tomar la primera letra de una palabra y la última de otra, para extraer valiosas conclusiones.

El próximo capítulo comprende un detalle completo de este enunciado.

VI
INTERCAMBIO DE LETRAS

Después de disertar acerca de la estructura de las letras del alfabeto hebreo, los jóvenes explicaron un sistema de intercambio inédito. El mismo consiste en trocar la primera letra del alfabeto por la última, la segunda letra del alfabeto por la penúltima, la tercera letra del alfabeto, por la antepenúltima, y así sucesivamente.

Este sistema de intercambio de letras fue llamado por ellos At-Bash

א-ת/ב-ש
At Bash

LA RAZÓN DEL NOMBRE

La denominación At-Bash se debe a que a través de este apelativo se indica el procedimiento empleado en el sistema.

La primera parte del apelativo, At, está constituida por dos caracteres, *Alef* y *Tav.*

Se debe a que *Alef* es la primera letra del alfabeto hebreo, mientras que *Tav*, es la última letra del alfabeto hebreo. Estas letras se intercambian entre sí.

Tav   Alef

אבגדהוזחטיכלמנסעפצקרשת

La segunda parte del apelativo atribuido a este sistema, o sea Bash está constituido también por dos caracteres, *Bet* y *Shin*.

Se debe a que *Bet* es la segunda letra del alfabeto hebreo, mientras que *Shin*, es la anteúltima letra del alfabeto hebreo. Estas letras se intercambian entre sí.

Shin
↓
אבגדהוזחטיכלמנסעפצקרשת
↑
Bet

De aquí proviene el nombre de At-Bash.

ORIGEN DEL SISTEMA

El origen del sistema enseñado por los niños tiene bases muy sólidas. En el Talmud (Shabat 104) se cita la siguiente enseñanza que lo demuestra:

> Dijo Rab Jisda: «Las letras *Mem* y *Samej* que constaban en las tablas de la ley entregadas por El Eterno a Moshé se mantenían milagrosamente (pues el centro de las mismas estaba suspendido en el aire y no se caía)». (Rashi, Shabat 104)

El mismo sabio –Rab Jisda– agregó: «La escritura de las tablas de la ley se leía de frente y del reverso».

Esto implica que en el dorso de las tablas de la ley se leían las mismas letras, pero al revés, y las palabras también se veían al revés. Por lo tanto, se entiende que la escritura estaba labrada de manera tal que pasaba de lado a lado, atravesando totalmente el espesor de las tablas. (Rashi, Shabat 104)

Ésta es una vista frontal de las letras *Mem* y *Samej* labradas en las tablas.

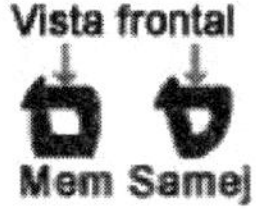

Veamos ahora un corte lateral de una de las tablas, para contemplar mejor este fenómeno:

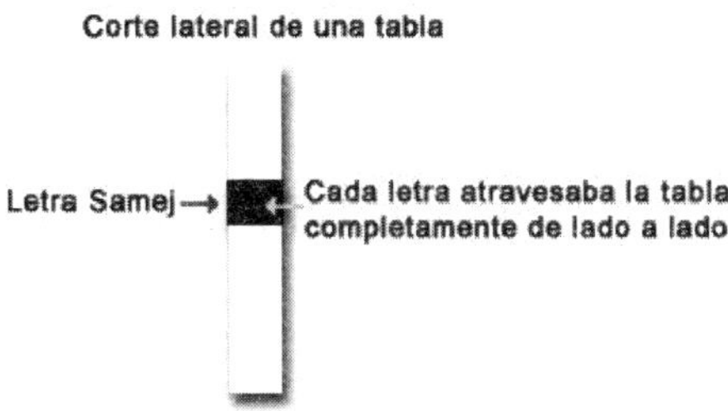

Es decir, tal como adelantamos, cada letra se veía en la parte frontal de la tabla, y si se la observaba en el otro lado, en el revés, también se la veía pero, lógicamente, en posición invertida.

Esto explica el motivo por el cual el sabio dijo que las letras *Mem* y *Samej* se mantenían milagrosamente. Es porque la forma que tienen estos caracteres es totalmente cerrada, y en el medio poseen una parte central. Esto obliga a que el centro disponga de un sostén. Pues al estar rodeado de un labrado que lo contorneaba totalmente, y atravesaba de lado a lado la superficie que contenía a las letras, forzosamente el centro quedaba suspendido en el aire. Por eso decimos que, según la lógica, sin apoyo no se podría mantener, tratándose por lo tanto de un milagro.

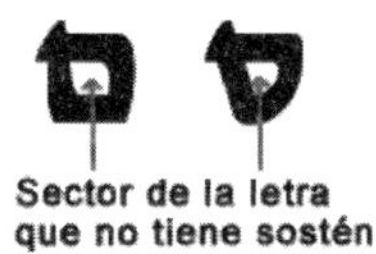

EJEMPLOS

El sabio –Rab Jisda– citó algunos ejemplos de las palabras que se leen al derecho y al revés, para dejar bien en claro lo enunciado. Mencionó a la palabra *nevuv*.

נבוב = nevuv

Vista desde el frente de la tabla, esta palabra se vería así:

נבוב

Pero si observásemos esta misma palabra en el reverso de la tabla, se vería al revés:

בובנ

FUENTE DE LO REVELADO

Esta enseñanza de Rab Jisda está basada en la Torá. Como lo revela el versículo:

> Moshé se volvió, y descendió del monte, y las dos tablas del testimonio en su mano, eran tablas escritas en sus dos lados, de uno y del otro (lado) estaban escritas. (Éxodo 32: 15)

EL ALFABETO COMPLETO

Esta declaración de Rab Jisda posibilita comprender el origen bíblico del sistema de intercambio de letras revelado por los niños.

Pues aplicando este concepto a todo el alfabeto hebreo obtenemos como resultado precisamente lo enseñado por ellos. Veámoslo en la práctica. Ésta es la vista frontal del alfabeto hebreo completo:

אבגדהוזחטיכלמנסעפצקרשת

Ésta es la vista al revés del alfabeto hebreo completo:

תשרקצפעסנמלכיטחזוהדגבא

RESULTADO

Si superponemos estas dos vistas, –frente y reverso– obtenemos todas las combinaciones del sistema de intercambio At-Bash explicado por los niños mencionados en el Talmud.

DESGLOSE

Ésta es la lista de todas las secuencias que conllevan a la combinación de letras según el sistema At-Bash mostrado en el gráfico anterior:

1) La primera letra del alfabeto se intercambia por la última (la primera contando de atrás hacia adelante)

א ב ג ד ה ו ז ח ט י כ ל מ נ ס ע פ צ ק ר ש ת

2) La segunda letra del alfabeto, se intercambia por la penúltima (la segunda contando de atrás hacia adelante)

א ב ג ד ה ו ז ח ט י כ ל מ נ ס ע פ צ ק ר ש ת

3) La tercera letra del alfabeto, se intercambia por la antepenúltima (la tercera contando de atrás hacia adelante)

א ב ג ד ה ו ז ח ט י כ ל מ נ ס ע פ צ ק ר ש ת

4) La cuarta letra del alfabeto, se intercambia por la anterior a la antepenúltima (la cuarta contando de atrás hacia adelante)

א ב ג ד ה ו ז ח ט י כ ל מ נ ס ע פ צ ק ר ש ת

5) La quinta letra del alfabeto, se intercambia por la quinta pero contando de atrás hacia adelante

א ב ג ד ה ו ז ח ט י כ ל מ נ ס ע פ צ ק ר ש ת

6) La sexta letra del alfabeto, se intercambia por la sexta pero contando de atrás hacia adelante

א ב ג ד ה ו ז ח ט י כ ל מ נ ס ע פ צ ק ר ש ת

7) La séptima letra del alfabeto, se intercambia por la séptima pero contando de atrás hacia adelante

א ב ג ד ה ו ז ח ט י כ ל מ נ ס ע פ צ ק ר ש ת

8) La octava letra del alfabeto, se intercambia por la octava pero contando de atrás hacia adelante

א ב ג ד ה ו ז ח ט י כ ל מ נ ס ע פ צ ק ר ש ת

9) La novena letra del alfabeto, se intercambia por la novena pero contando de atrás hacia adelante

א ב ג ד ה ו ז ח ט י כ ל מ נ ס ע פ צ ק ר ש ת

10) La décima letra del alfabeto, se intercambia por la décima pero contando de atrás hacia adelante

א ב ג ד ה ו ז ח ט י כ ל מ נ ס ע פ צ ק ר ש ת

11) La undécima letra del alfabeto, se intercambia por la undécima pero contando de atrás hacia delante

א ב ג ד ה ו ז ח ט י כ ל מ נ ס ע פ צ ק ר ש ת

Tabla final

En la página siguiente presentamos la tabla definitiva de intercambio de letras según el sistema At-Bash, que resulta de estas secuencias:

Tabla definitiva de intercambio de letras según el sistema At-Bash, que resulta de estas secuencias:

Tav	⟶ ת	=	א ⟵	Alef
Shin	⟶ ש	=	ב ⟵	Bet
Reish	⟶ ר	=	ג ⟵	Guimel
Kof	⟶ ק	=	ד ⟵	Dalet
Tzadi	⟶ צ	=	ה ⟵	He
Pe	⟶ פ	=	ו ⟵	Vav
Ain	⟶ ע	=	ז ⟵	Zain
Samej	⟶ ס	=	ח ⟵	Jet
Nun	⟶ נ	=	ט ⟵	Tet
Mem	⟶ מ	=	י ⟵	Iod
Lamed	⟶ ל	=	כ ⟵	Caf

VII

UTILIDADES DEL AT-BASH

El sistema de intercambio de letras denominado At-Bash es muy utilizado por los sabios del Talmud.

Por ejemplo, el célebre Rabí Akiva, que era el alumno más destacado de Rabí Eliezer, uno de los jóvenes que revelaron las magníficas disertaciones de las letras en su primer día de estadía en la academia de los mayores, empleó esta técnica en innumerables ocasiones.

En uno de sus impresionantes razonamientos desarrollados, Rabí Akiva aplicó el método y paralelamente describió el proceso de la creación del universo más los primeros momentos de la vida del ser humano sobre la Tierra. Esta disertación quedó registrada en el Midrash (Otiot de Rabí Akiva, Midrash Alfa Betot).

La disertación

Letras *Alef* y *Tav*:

La primera letra del alfabeto hebreo es *Alef* y la última es *Tav*. Estos dos caracteres conforman el punto de partida del sistema de intercambio At-Bash.

Tav ↓ אבגדהוזחטיכלמנסעפצקרשת ↓ Alef

Aplicando el sistema At–Bash, resulta que las letras *Alef* y *Tav* se intercambian y combinan entre sí.

א - ת

De esta combinación, *Alef* – *Tav*, deducimos que *Alef* es la inicial de Adam (el primer hombre) y *Tav* es la inicial de *Tejilat* (Principio –el objetivo principal–).

א ← אדם
Alef Adam

ת ← תחילת
Tav Tejilat

La tesis expuesta revela que Adam fue el principio –el objetivo principal– de la creación del mundo.

Esta conjetura está fundamentada sobre la base de que todas las demás cosas fueron creadas mediante la palabra de Dios. Sin embargo, a Adam Dios lo creó con «Su mano», como se verá a continuación.

ACLARACIÓN:

Palabra y mano son conceptos abstractos. Los mismos se incluyen en los textos sagrados con el fin de permitir al raciocinio humano percibir las enseñanzas más elevadas que superan el poder de captación mental ordinario. Pero eso no significa que El Eterno pronuncie concretamente palabras o tenga realmente una mano, ya que es Él espiritual e ilimitado, sin delimitaciones de ningún tipo (Maimónides, Iesodei HaTora 1: 9).

Se prosigue

Lo enunciado, o sea, que todo fue creado mediante la palabra y Adam a través de la mano de Dios, es algo fácilmente deducible a partir de lo expuesto en los versículos que se refieren al tema. En el libro de los Salmos está escrito: «Porque Él –Dios– pronunció y fue –se hizo realidad lo que pronunció–, Él ordenó y existió –la obra de la creación–»(Salmos 33: 9). El texto expuesto señala con absoluta claridad, que Dios creó al universo y todo lo que el mismo contiene mediante la palabra.

Sin embargo, con respecto a la creación del hombre está escrito: «E hizo El Eterno, Dios, al hombre...» (Génesis: 7). Al someter estas palabras exhibidas a un sagaz análisis se llega a la conclusión de que la mano es el miembro estándar que los hombres utilizan para hacer, en referencia a todo aquello que con frecuencia realizan, como trabajar u otros movimientos requeridos habitualmente.

Ahora bien, como ya dijimos, los conceptos y acciones caraterísticos de los seres humanos fueron escritos para permitir una apreciación más acertada de las elevadas cogniciones expuestas en el Pentateuco. De este modo es posible obtener una idea más cabal, representada a través de una visualización gráfica imaginaria del concepto aludido. Tal conjetura induce a determinar incuestionablemente que la palabra «hizo» es elocuente, y habla por sí sola, indicando que El Eterno «hizo» al hombre con «Su mano». Es decir, de una manera distinta a todas las demás creaciones, las cuales fueron concebidas mediante la palabra.

Finalmente, dado que El Eterno hizo al hombre de un modo especial y distintivo, infiere que le tenía preparado un objetivo especial. Esta conjetura es la base de la enseñanza que surge tras someter la primera letra del alfabeto al sistema At-Bash: Adam fue el principio –el objetivo principal– de la creación del mundo.

Letras *Bet* y *Shin*:

Tras haber contemplado la enseñanza deducida de las letras *Alef-Tav*, pasamos a las dos letras siguientes. Para ello avanzamos un carácter.

א ב ג ד ה ו ז ח ט י כ ל מ נ ס ע פ צ ק ר ש ת

Hallamos las letras *Bet* y *Shin:*

ש - ב

La letra *Bet* es la inicial de *Behemá vejaiáh* (animales domésticos y salvajes).

ב = inicial de בהמה וחיה

y animales · animales
salvajes · domésticos

La letra *Shin* es la inicial de *Shekatzim y remesim* (insectos y reptiles).

ש = inicial de שקצים ורמשים

y reptiles · insectos

Estos seres, es decir, los animales domésticos y los salvajes, los insectos y los reptiles, fueron creados junto con Adam, el primer hombre.

La pregunta que surge instantáneamente a partir de esta aseveración es: ¿por qué fueron estos seres creados junto con el hombre y no en otro momento?

La respuesta es que aconteció de este modo por causa que El Eterno previó y dijo: «Si el hombre llega a engreírse, en ese caso se le dirá: no te engriáis pues los animales domésticos y los salvajes, los insectos y los reptiles, son como tú, pues fueron creados junto contigo».

Confirmación

La evidencia del argumento expuesto puede ser apreciada con lujo de detalles a partir de lo declarado en el versículo: «El hombre no debe buscar constantemente honores, pues es comparado a los animales, y se parece a ellos»(Salmos 49: 13).

Asimismo, hay otro versículo que contiene el argumento de la semejanza citada de modo más acentuado aún: «Los animales salvajes y todos los animales domésticos, los reptiles y las aves aladas, los reyes de la tierra y todos los pueblos, los príncipes y todos los jueces de la tierra, los adolescentes y también las mujeres vírgenes, los ancianos con los jóvenes, alaben el nombre de Dios, pues enaltecido es sólo Su nombre, Su esplendor está sobre la tierra y los cielos» (Salmos 148: 10).

Las palabras expuestas engloban la causa por la cual es revelada precisamente en esta combinación de las letras *Bet* con *Shin*, una advertencia dirigida al hombre. La misma es: si bien es cierto que el hombre gozó de un privilegio especial al haber sido creado por la mano de Dios, de todos modos, no debe engreírse.

Letras *Guimel* y *Reish*:

Pasamos ahora a las dos letras siguientes, en este sistema de intercambios llamado At-Bash. Por eso avanzamos nuevamente un carácter.

א ב ג ד ה ו ז ח ט י כ ל מ נ ס ע פ צ ק ר ש ת

Hallamos las letras *Guimel* y *Reish*:

ג - ר

Guimel es la letra inicial de la palabra *Gan*, que significa «jardín».

ג = inicial de גן

Se refiere al jardín que plantó el Todopoderoso en el Edén (Paraíso), para disponer en el mismo doce *jupot*, palios nupciales (*jupot* es el plural de *jupá*. *Jupá* es el dispositivo de cuatro parantes y un techo dispuesto sobre los mismos, que se monta cada vez que se consuma un casamiento. La *jupá* dispuesta para la boda es totalmente decorada con flores, plantas y demás adornos, que evidencian la alegría que acontecerá debajo de ella).

El Todopoderoso dispuso estas doce *jupot* adornadas con perlas y piedras preciosas en honor de Adam, el primer hombre, a quien le trajo a Eva –Java–, totalmente adornada como una novia. Éste fue el primer matrimonio que existió en el mundo y tuvo lugar en el Jardín del Edén.

La letra *Reish*, por su parte, es la inicial de la palabra *rosh*, que significa «cabeza» o «primero».

ר = inicial de ראש

Es en referencia a Adam, que fue el primero que ingresó en el Jardín del Edén, antes de que lo hicieran todos los justos. Esto lo podemos apreciar en el versículo (Génesis 2: 8): «Plantó el Eterno, Dios, un jardín en el Edén, al oriente, y puso allí al hombre que hizo».

SÍNTESIS GENERAL

Tras someter la primera letra del alfabeto –*Alef*– al sistema At-Bash, resulta que ésta se vincula con *Tav*, la última letra, constatándose mediante este producto obtenido, que El Eterno hizo al hombre de un modo especial y distintivo. Es decir, Adam fue el principio –el objetivo principal– de la creación del mundo. Luego, siguiendo el orden alfabético, se coteja la letra *Bet*, la cual se combina con *Shin*, descubriéndose de este modo el mensaje de advertencia emitido por El Eterno al individuo que creó: si bien es cierto que el hombre gozó de un privilegio especial al haber sido creado por la mano de Dios, de todos modos, no debe engreírse. Finalmente, la tercera letra del alfabeto –*Guimel*–, en combinación con su equivalente –*Reish*–, revelan que el Todopoderoso plantó un Jardín en el Edén (Paraíso), para disponer en el mismo doce *jupot*, y consumar el casamiento de Adam con la mujer que le presentó, Java. Asimismo se comprueba, vía este par de letras, que Adam fue el primero en ingresar al Jardín del Edén.

Letras *Dalet* y *Kof*:

Pasamos ahora a las dos letras siguientes en este sistema de intercambios llamado *At-Bash*. Avanzamos nuevamente un carácter.

א ב ג ד ה ו ז ח ט י כ ל מ נ ס ע פ צ ק ר ש ת

Hallamos las letras *Dalet* y *Kof*:

ד - ק

Dalet es la inicial de la palabra *Dlatei*, que significa «puertas».

ד = inicial de דלתי

Son las puertas del Jardín del Eden, que abrieron ante Adam los ángeles celestiales, enviados por El Eterno para que le sirvan. Por su parte *Kof* es la letra inicial de la palabra *karhú*, que significa «llamaron» y también es la inicial de *kedoshei elionim veguiborei Arabot*, que significa «los sagrados ángeles de las alturas y los ángeles imponentes de los Cielos».

ק = inicial de קראו (llamaron)

y

ק = inicial de קדשי עליונים וגבורי ערבות
**(los sagrados ángeles de las alturas
y los ángeles imponentes de los Cielos)**

Enseña que los sagrados arcángeles de lo Alto, y los ángeles imponentes de los Cielos, llamaron a Adam para solicitarle el ingreso al Jardín del Edén, por las puertas especiales que habían sido abiertas para tal fin, diciéndole: «¡Ven en paz!».

Letras *He* y *Tzadi*:

Pasamos ahora a las dos letras siguientes, en este sistema de intercambios llamado At-Bash. Avanzamos nuevamente un carácter.

א ב ג ד ה ו ז ח ט י כ ל מ נ ס ע פ צ ק ר ש ת

Hallamos las letras *He* y *Tzadi*:

ה - צ

La letra *He* es la inicial de la palabra *hipil*, que significa «hizo caer».

ה = inicial de הפיל

Se refiere a Adam, cuando el Todopoderoso lo hizo caer en un sueño profundo para extraerle un hueso del costado de su cuerpo, y construir a la mujer a partir del mismo. Este acontecimiento es mencionado en el versículo: «Hizo caer El Eterno, Dios, sueño profundo sobre Adam, y se durmió. Tomó uno de sus costales, y llenó con carne su lugar» (Génesis 2: 21).

En tanto que la letra *Tzadi* es la inicial de la palabra *Tzela*, que significa «costal».

צ = inicial de צלע

Se refiere al costal que el Todopoderoso tomó de Adam, y con el que construyó a la mujer. Esto es mencionado en el versículo (Génesis 2: 22): «El Eterno, Dios, hizo con el costal que tomó de Adam a la mujer, y la trajo a Adam».

Letras *Vav* y *Pe*:

Pasamos ahora a las dos letras siguientes, en este sistema de intercambios llamado At-Bash. Avanzamos nuevamente un carácter.

א ב ג ד ה ו ז ח ט י כ ל מ נ ס ע פ צ ק ר ש ת

Hallamos las letras *Vav* y *Pe:*

ו - פ

La letra *Vav* es la inicial de la palabra *vaiviea*, que significa «y la trajo».

ו = inicial de ויבא

Es por la mujer que el Todopoderoso hizo con el costal de Adam, a quien la trajo, escoltada por una corte integrada por decenas de miles de ángeles celestiales, quienes entonaban cánticos y melodías agradables. Esto fue mencionado al final del versículo antes citado: «... y la trajo a Adam» (Génesis 2: 22).

La letra *Pe* es la inicial de la palabra *pamalia*, que significa «corte».

פמליא inicial de = פ

Enseña que toda la corte de ángeles celestiales descendieron con ellos (con Adam y Java) al Jardín del Edén. Algunos de ellos portaban en sus manos arpas, otros llevaban liras, algunos violines y estaban aquellos que llevaban panderetas. Además, los ángeles bailaban alegremente delante de la pareja como lo suelen hacer las jovenzuelas.

Letras *Zain* y *Ain*:

Pasamos ahora a las dos letras siguientes, en este sistema de intercambios llamado At-Bash. Avanzamos nuevamente un carácter.

א ב ג ד ה ו ז ח ט י כ ל מ נ ס ע פ צ ק ר ש ת

Hallamos las letras *Zain* y *Ain:*

ז - ע

La letra *Zain* es la inicial de la palabra *zimen*, que significa «invitó».

ז = inicial de זימן

Enseña que invitó el Todopoderoso a ambos (a Adam y Java), al distinguido banquete que fue organizado en honor a ellos, en el Jardín del Edén.

La letra *Ain* es la inicial de la palabra «*araj*», que significa «dispuso».

ע = inicial de ערך

Enseña que dispuso el Todopoderoso mesas decoradas con magníficas perlas. Además, sobre las mesas había dispuestos placenteros y sabrosos manjares para darle a la velada un marco verdaderamente imponente. Este hecho puede apreciarse en el versículo: «Dispone delante de mí la mesa...» (Salmos 23: 5).

Letras *Jet* y *Samej*:

Pasamos ahora a las dos letras siguientes, en este sistema de intercambios llamado At-Bash. Avanzamos nuevamente un carácter.

א ב ג ד ה ו ז ח ט י כ ל מ נ ס ע פ צ ק ר ש ת

Hallamos las letras *Jet* y *Samej:*

ח - ס

La letra *Jet* es la inicial de la palabra *jashu*, que significa «diligentemente».

ח = inicial de חשו

Enseña que los ángeles prepararon diligentemente carne asada, y colaron vino para honrar a Adam y a su esposa. Pero apareció la serpiente, y vio esos honores que le rendían al hombre y a su mujer en el Jardín del Edén; por eso, sintió envidia de ellos.

La letra *Samej* es la inicial de la palabra *saj*, que significa «habló».

ס = inicial de סח

Enseña que el Todopoderoso le habló a Adam, diciéndole: «Del árbol de la sabiduría del bien y del mal no comáis de él, pues el día que comiereis de él, ciertamente moriréis» (Génesis 2: 17).

Letras *Tet* y *Nun*:

Pasamos ahora a las dos letras siguientes, en este sistema de intercambios llamado At-Bash. Avanzamos nuevamente un carácter.

א ב ג ד ה ו ז ח ט י כ ל מ נ ס ע פ צ ק ר ש ת

Hallamos las letras *Tet* y *Nun*

ט - נ

La letra *Tet* es la inicial de la palabra *taatá*, que significa «se equivocó».

ט = inicial de טעתה

Enseña que se equivocó Java por las palabras de la serpiente, pues: «La serpiente era astuta, más que todos los animales del campo que hizo El Eterno Dios, y dijo a la mujer: ¿Acaso dijo Dios que no comáis de ningún fruto del jardín?» (Génesis 3: 1).

La mujer respondió a la serpiente: del fruto de los árboles del jardín podemos comer. Y del árbol que hay dentro del jardín, dijo Dios no comáis de él, y no lo toquéis, para que no muráis.

La serpiente dijo a la mujer: ¡No moriréis!

Pues ciertamente sabe Dios, que en el día en que comáis de él, se abrirán vuestros ojos, y seréis como Dios (podréis hacer mundos como Él y seréis), conocedores del bien y del mal.

La mujer vio que es bueno el árbol para comer, codicioso para los ojos y deseable para entender, y tomó de su fruto y comió. Y dio también a su marido que estaba con ella, y él comió.

En tanto que la letra *Nun* es la inicial de la palabra *niftejú*, que significa «se abrieron».

נ = inicial de נפתחו

Es porque después de que comieron del árbol de la sabiduría del bien y del mal (Génesis 3: 7) «se abrieron los ojos de ellos (de Adam y Java), y supieron que estaban desnudos, y cosieron hojas de higuera e hicieron *jagorot* (una especie de vestimenta para cubrirse)».

Letras *Iod* y *Mem*:

Pasamos ahora a las dos letras siguientes, en este sistema de intercambios llamado At-Bash. Por eso avanzamos nuevamente un carácter.

א ב ג ד ה ו ז ח ט י כ ל מ נ ס ע פ צ ק ר ש ת

Hallamos las letras *Iod* y *Mem:*

י - מ

La letra *Iod* es la inicial de la palabra *iadúa*, que significa «sabido». Y también la letra *Iod* es la inicial de la palabra *iarad*, que significa «descendió».

י = inicial de יָדוּעַ

y también

י = inicial de יָרַד

Enseña que era algo manifiesto y sabido por Dios, lo que el hombre y su mujer hicieron, por eso descendió el Todopoderoso y se paró en la entrada del Jardín del Edén. En ese momento llamó a Adam.

Esto lo apreciamos en el versículo (Génesis 3: 8-9): «Escucharon la voz de El Eterno Dios, que pasaba por el Jardín, en dirección del día (hacia el Oeste, ya que el sol sale por el Este, y se pone por el Oeste, y la hora en que ellos pecaron era la décima del día, o sea, cerca de la caída de la tarde, según la explicación de Rashi). Y se escondió Adam y su mujer ante el Eterno Dios entre los árboles del jardín. Y llamó El Eterno Dios al hombre y le dijo: "¿Dónde te encuentras?"».

El hombre respondió: "A Tu voz escuché en el jardín, y temí porque estaba desnudo, y me escondí".

La continuación de este suceso la encontramos indicada en la letra *Mem*, pues es la inicial de la palabra *mi*, que significa «quien».

מ = inicial de מִי

Enseña que Dios le dijo (Génesis 3: 11): «¿Quién te dijo que estás desnudo?». (Es decir, ¿quién te dijo que es algo vergonzoso estar desnudo?, según Rashi).

Después de esta sutil apertura de la conversación, el Todopoderoso le pregunta a Adam: «¿Acaso del árbol que te ordené no comer de él, has comido?».

Lo que sucedió a posteriori, se manifiesta en las dos letras siguientes del alfabeto hebreo, siguiendo el orden que estamos llevando de acuerdo a nuestro sistema de At-Bash.

Letras *Caf* y *Lamed*

Pasamos ahora a las dos letras siguientes, en este sistema de intercambios llamado At-Bash. Avanzamos nuevamente un carácter.

א ב ג ד ה ו ז ח ט י כ ל מ נ ס ע פ צ ק ר ש ת

Hallamos las letras *Caf* y *Lamed:*

כ - ל

La letra *Caf* es la inicial de la palabra *culam*, que significa «todos».

כ = inicial de כולם

Enseña que todos serán convocados por Dios a juicio, tal como en principio convocó a Adam. En ese momento Dios le dijo: «¿Por qué comisteis del fruto del árbol de la sabiduría que te dije que no comierais de él?».

Adam respondió (Génesis 3: 12): «La mujer que me concedisteis para que esté conmigo, me dio del árbol y comí».

Tras esta declaración de Adam, Dios convocó a la mujer y le preguntó: «¿Por qué causa comisteis?».

Y la mujer respondió (Génesis 3: 13): «La serpiente me sedujo y comí».

Después de esta declaración de la mujer, Dios convocó a la serpiente y le dijo (Génesis 3: 14): «Porque has hecho esto, maldita serás entre todos los animales domésticos y todos los animales salvajes del campo. Sobre tu vientre andarás y polvo comerás todos los días de tu vida».

Un detalle interesante a destacar es que, en el momento en que el Todopoderoso dijo a la serpiente: «Sobre tu vientre andarás», ella respondió: «Amo del universo, si es así, si es esa Tu voluntad, seré como un pez que vive dentro del mar, el cual no tiene pies».

Y cuando Dios le dijo: «Polvo comerás», la serpiente respondió: «Amo del universo, ¿si el pez come polvo, también yo comeré polvo?».

En ese momento tomó el Todopoderoso a la serpiente, y le cortó su lengua en dos partes. Luego le dijo: «Maldita, tú hablaste perversamente, por eso Yo les informo a todos los pobladores de la Tierra, que tu lengua te causó todo esto (que te sobrevino)».

En tanto que la letra *Lamed* es la inicial de la palabra *lakú*, que significa «fueron castigados».

ל = inicial de לקו

Es porque tres pecaron: la serpiente, la mujer y el hombre, y cuatro fueron castigados. Los tres nombrados, fueron expulsados del Jardín del Edén, tal como lo declara el versículo (Génesis 3: 24): «Y expulsó (Dios) a Adam...».

Pero hubo un cuarto castigado por ese pecado, que fue la tierra, tal como lo declara el versículo (Génesis 3: 17): «Maldita será la tierra por tu causa, con sufrimiento comerás de ella todos los días de tu vida».

Y todo eso se podía haber evitado con el solo hecho de acatar la orden del Todopoderoso.

VIII
CREACIÓN DEL UNIVERSO

A lo largo de los primeros capítulos de esta obra hemos apreciado un panorama general de la fisonomía de las 22 letras con las que El Eterno creó el plano del universo y algunas de las combinaciones factibles de las mismas. Con estos conocimientos en nuestro poder nos dirigimos nuevamente a lo mencionado en el primer capítulo, en el cual dijimos que El Eterno creó el plano del universo –la Torá– con las 22 letras del alfabeto.

Sobre esta base fue elaborado todo lo existente en el cosmos. Para comprender el avance de la creación llevada a cabo por El Eterno, contemplaremos a continuación distintos pasajes de lo sucedido a posteriori, tras la elaboración de las letras y el plano, cuando El Eterno decidió crear el universo.

En ese instante, El Eterno tomó una de las 22 letras (que incluían en su interior la combinación de todas las demás letras –como mencionamos en el capítulo 1).

La letra elegida para esta misión fue *He*, y a partir de la misma El Eterno realizó la obra de la creación.

FUENTE

Esto se aprende del versículo: «Éstas son las descendencias de los Cielos y la Tierra cuando fueron creados –*behibarham*–» (Génesis 2: 4).

Esta palabra, *behibarham*, que significa «cuando fueron creados», nos revela además del sentido llano de la expresión, un dato trascendental. Nos indica cómo exactamente fueron creados los Cielos y la Tierra.

¿Por qué decimos esto?

Porque si prestamos atención, comprobaremos que se trata de una palabra compuesta de tres partes "Be Hi barham". Esto significa: «con la –letra– *He* los creó» (Bereshit Rabá 12: 2).

Veamos esto gráficamente:

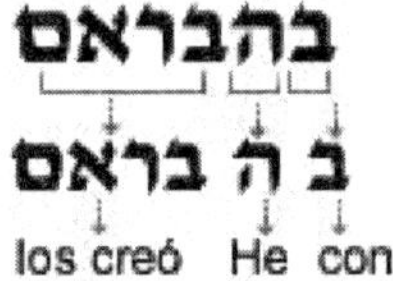

OBJECIÓN INNEGABLE

Sabemos ahora, que todo lo que hay en el universo fue creado por El Eterno con la letra *He*.

Pero aun preguntamos: ¿cómo es posible hacer una cosa así, a partir de una letra crear todo el universo?

RESPUESTA

Para comprenderlo debemos saber dos cosas:

1. En qué consiste exactamente la letra *He* y cuál es la pronunciación correcta de la misma.

2. Cuáles son los componentes básicos con los que El Eterno creó el universo y cómo se originaron a partir de esta letra.

La letra *He*

La letra *He* es un carácter mudo. No participan en la pronunciación del mismo ninguno de los músculos de la boca, los dientes, el paladar ni los labios. Consiste únicamente en una exhalación de aire impulsada al exterior, proveniente del interior de nuestro organismo.

Los componentes

Los componentes básicos con los que El Eterno creó el universo son cuatro y se encuentran en cada uno de los cuerpos físicos existentes. Además, como es lógico, los mismos son indispensables para que éstos se mantengan como tales.

Los cuatro elementos básicos son: agua, tierra, aire y fuego.

Una prueba del enunciado

El hecho de que los cuatro componentes básicos que forman parte de cada objeto material son los entes indispensables para que el mismo exista, es algo que se puede probar fácilmente.

Para hacerlo, podemos intentar quitar, a través de algún experimento, uno de esos cuatro componentes básicos, digamos el agua. Si hacemos eso, el cuerpo se descompondrá inmediatamente.

Veámoslo en la práctica:

Situémonos en el proceso de elaboración de los objetos de cerámica o porcelana. Para realizarlos, se coge primeramente arcilla o una especie de tierra llamada caolín, se le agrega agua, se mezcla y amasa bien hasta que quede una masa consistente. Luego, se le da la forma que se desea, y se introduce la pieza lograda en un horno que calentará el objeto a unos 900 grados centígrados. Finalmente, cuando se haya acabado el proceso de horneado, se retira de allí la pieza.

Al contemplar el trabajo acabado nos da la sensación como que todo el agua se evaporó, al no quedar en el interior del mismo ni una sola gota. Sin embargo, si realizamos experimentos avanzados, comprobaremos que lo que se ha evaporado es sólo el agua que se hallaba en estado líquido, aunque aún permanece en toda la masa de este objeto la presencia de agua en estado químico. Esta agua actúa como agente de unión entre las partículas sólidas e impide que se separen. Pues si retiráramos de alguna manera esa agua en estado químico la pieza se desarmaría por completo y quedaría convertida en un montón de polvo.

DESDE OTRO ÁNGULO

Dejemos ahora el agua como está, y probemos a quitar otro de los componentes básicos, por ejemplo el aire. Para ello compactamos la pieza, aplicándole una fuerza que venza su resistencia. Tras esta experiencia veremos que el objeto quedó de un tamaño más reducido. Pero más que eso no se puede reducir, debido a que la fuerza que le aplicamos es limitada y no logra compactar más este cuerpo.

Sin embargo si buscamos un compactador más eficaz, lograremos comprimir aún más su volumen. Luego conseguimos otro más poderoso, y el objeto quedará más pequeño. De este modo, podemos reducir un buque mercante a un minúsculo punto. Y lo mismo es posible hacer, en teoría, con el universo entero.

Esto es así porque entre las moléculas que componen todos los cuerpos materiales hay aire, y en el interior de las mismas, también hay espacios llamados intermoleculares, en los cuales hay sólo aire. Quitamos el aire y las partes sólidas se aproximarán entre sí, por lo que finalmente llegaríamos a obtener la reducción del universo a un minúsculo punto. Ese punto fue el primer elemento material que existió, (*véase* Maimónides Iesodei HaTorá 3: 10, Ramban en Génesis 1:1, y Talmud Jaguigá 12 a, ediciones Shutenshtein, nota al pie 32). Este punto, que contenía los cuatro componentes básicos de todo lo material fue creado con la letra *He*.

LA CREACIÓN DE LOS COMPONENTES A PARTIR DE LA LETRA *He*

Ya sabemos que todo lo material fue creado con la letra *He*, y que todo lo existente en el universo está compuesto de cuatro elementos básicos. No obstante, aún preguntamos: ¿cómo es posible crear el origen de lo material –el punto antes mencionado– a partir de una letra espiritual, como lo es la *He*?

Para responder a esto citaremos nuevamente lo que está escrito en el Talmud: «El universo fue creado a través de la letra hebrea *He*» (Tratado de Menajot 29b).

Esta letra es muda, por lo tanto, se trata del carácter más fácil de pronunciar, ya que sólo con exhalar un poco de aire lo habremos logrado. Esto, en contraposición a todas las demás letras, cuya pronunciación requiere de la articulación de diferentes órganos, entre ellos, la lengua, los músculos del paladar y la acción de los labios.

Esto enseña que, de un modo parecido a la facilidad con que es pronunciada la letra *He*, de esa misma manera El Eterno creó el universo. (Bereshit Rabá)

Sólo que la teoría expuesta resuena un tanto enigmática, y cuesta hallarle una explicación racional, pues a nadie se le ocurriría pensar en la posibilidad de que, a través de pronunciar una letra, se pueda crear una mesa, un manzano, un edificio, máquinas de coser, buques mercantes y seres humanos.

Quizá no esté a nuestro alcance imaginar cómo, por medio de la vocalización de un simple carácter, es posible realizar toda la creación que está frente a nuestros ojos. Pero para El Eterno esto fue factible, y por si fuera poco, sin necesidad de realizar esfuerzo alguno.

Para comprenderlo, brindaremos una ilustración en la cual utilizaremos términos y ejemplos que pueden ser captados por la mente y el raciocinio humanos.

EL EJEMPLO

Probemos de exhalar con fuerza frente a un espejo u otro vidrio. Apreciaremos cómo el aliento que sale de nuestra boca empaña la superficie vidriosa, tras lo cual comienzan a formarse paulatinamente pequeñas gotas de agua. Esto nos permite elevar a nivel consciente la idea concreta de que es totalmente posible y viable crear agua a partir del aire (que es el efecto resultante generado al pronunciar la letra *He*).

Ahora que ya comprendemos cómo es posible extraer agua del aire, veremos cómo es factible obtener fuego del agua. Tal fenómeno se consigue tomando un recipiente de vidrio puro, al cual le introducimos una medida considerable de agua. Luego, situamos el recipiente frente a los rayos del sol, rodeando a su vez al objeto con unos trozos de lino. Al cabo de un tiempo observaremos que se originan chispas, las cuales terminan por encender el lino. De esta manera comprendemos cómo extraer fuego del agua. Sólo que para que este experimento funcione debemos realizarlo en la época más calurosa del verano boreal, el mes hebreo de Tamuz. (Este proceso es citado por los sabios del Talmud y la Mishná en el tratado de Beitzá, cap. 3)

Nos resta explicar cómo generar de lo obtenido tierra. Esto lo lograremos calentando agua en una olla, a la cual le aplicamos una alta temperatura. Tras algunas horas, cuando el agua se haya consumido, contemplaremos que en el fondo se han originado elementos sólidos, duros como la piedra, producto del efecto que el fuego ejerció sobre el agua. (Explicación de Rab Saadia Gaón a Sefer Haietzirá 1:11)

Hemos visto, entonces, una ilustración que nos muestra como es posible crear con la letra *He* (que es sólo una exhalación de aire proveniente de nuestros pulmones) los cuatro elementos básicos que componen toda la materia que hay en el universo.

Asimismo pudimos apreciar que la letra *He* contiene en su interior a todas las letras del alfabeto, con las cuales se forman todos los elementos que componen los cuerpos físicos existentes en el universo.

IX
ANATOMÍA DE LA LETRA *HE*

Ya hemos mencionado que cuando El Eterno decidió crear el universo tomó a la letra *He* (que incluía en su interior la combinación de todas las demás letras), y a partir de la misma realizó la obra de la creación.

Resulta que cada letra del alfabeto y, evidentemente también la letra *He* que es una de ellas, contiene en su interior a las 22 letras.

Ahora bien, fue la voluntad divina que estas 22 letras con las que se creó el mundo y todo lo que hay en él, se originen en cinco sectores específicos de la boca del hombre. Este curioso fenómeno se halla indicado en la letra *He* misma.

Veámoslo

La letra *He* tiene un valor numérico de cinco הָ = 5 en relación a los cinco sectores de la boca en los que se generan las letras.

Los cinco sectores de la boca

El primer sector se encuentra en lo más profundo de la boca, donde comienza la garganta. Las letras que allí se originan son post-alveolares –*groniot*–. Éstas son las letras que se originan en este lugar: *Alef, He, Jet, Ain*: אהחע

El segundo sector se halla donde se ubican los labios. Las letras que allí se originan son labiales. Éstas son las letras que se originan allí: *Bet, Vav, Mem, Pe* בומ"פ

El tercer sector se halla en un tercio de la lengua. Las letras que allí se originan son velares. Éstas son las letras que se originan en el mismo: *Guimel, Iod, Caf, Kof* גיכ"ק

El cuarto sector se encuentra en la punta de la lengua. Las letras que allí se originan son dentales. Éstas son las letras que se originan allí: *Dalet, Tet, Lamed, Nun, Tav* דטלנ"ת

El quinto sector se ubica entre los dientes y la lengua. Las letras que allí se originan son alveolares. Éstas son las letras que se originan ahí: *Zain, Samej, Shin, Reish, Tzadi* זסשר"ץ
(Sefer Haietzirá, Cap. 2, Mishná 3). En estos cinco sectores mencionados se originan las 22 letras que dieron origen a todo lo existente.

RELACIÓN DE LAS LETRAS CON LA MATERIA

A partir de las 22 letras que se originan en los cinco sectores de la boca es posible crear y realizar cosas sorprendentes con las creaciones. Por ejemplo, si llegado el caso, se necesitan realizar acciones que afecten las situaciones de los cuerpos físicos (constituidos por los cuatro elementos básicos), se puede lograr esto mediante el empleo de las 22 letras que se originan en los cinco sectores de la boca mencionados.

Para saber cómo acontece este maravilloso fenómeno, apreciaremos la relación existente entre las letras y los cuatro elementos básicos que conforman todo lo concreto que hay en el mundo.

Éste es el detalle completo de la relación letras – entes físicos:

Las letras *Alef, He, Tet, Mem, Pe, Shin, Nun sofit,* contienen el fundamento fuego.

א-ה-ט-מ-פ-ש-ן
Fuego

Las letras *Guimel, Zain, Samej, Caf, Kof, Caf sofit, Pe sofit* contienen el fundamento aire.

ג-ז-ס-כ-ק-ד-ף
Aire

Las letras *Dalet, Jet, Lamed, Ain, Reish, Mem sofit*, contienen el fundamento agua.

ד-ח-ל-ע-ר-ם
Agua

Las letras *Bet, Vav, Iod, Nun, Tzadik, Tav, Tzadik sofit*, contienen el fundamento tierra. (Midrash Talpiot)

ב-ו-י-נ-צ-ת-ץ
Tierra

El hecho de que haya diversas letras que contienen a cada uno de los elementos hace posible que haya variedad y diversidad en lo existente. O sea, distintos colores, superficies, tersuras, aspectos, y demás características derivadas de los cuatro fundamentos.

Por ejemplo, si tomamos un poco de tierra y la calentamos a determinada temperatura, la misma adoptará cierto color. Pero si le aplicamos una temperatura más elevada, tomará un color diferente. Vemos que los colores generados dependen de la temperatura aplicada.

Esto mismo sucede con todos los elementos, los cuales disminuyendo o incrementando su intensidad, permitirán la creación de una amplia gama de variantes.

Para que este proceso sea posible y funcione a la perfección, El Eterno dispuso en cada una de las letras, 28 niveles diferentes de intensidad del fundamento que las identifica.

Por ejemplo, *Alef*, la primera de las letras del alfabeto, que contiene al fundamento fuego, posee en su interior 28 niveles distintos de fuego. Los mismos se encuentran en orden decreciente, por lo que el nivel 28 presenta un grado de fuego atenuado.

Sin embargo, pese a la reducción de fogosidad en el último nivel de la letra *Alef*, el mismo es considerado «la cabeza» del primer nivel de la letra *He*, que es la que sigue a *Alef*.

Asimismo la letra *He* contiene en su interior 28 niveles distintos de fuego. Los mismos se encuentran en orden decreciente, por lo que el nivel 28 presenta un grado de fuego atenuado, de acuerdo a su categoría.

Sin embargo, pese a tratarse de un fuego bastante debilitado, el nivel 28 de la letra *He* es considerado «la cabeza» del primer nivel de la letra *Tet*, que es la que sigue a la *He*.

Este proceso se repite en todas las letras pertenecientes al fundamento fuego. Hasta llegar al último nivel, el 28, de *Nun sofit*, que presenta el fuego más reducido.

Este mismo proceso acontece en las letras que contienen los demás elementos básicos: aire, agua y tierra.

MODO DE EMPLEO DE ESTAS PROPIEDADES

Los sabios que conocen las propiedades de cada letra, y las proporciones de las combinaciones que cada una presenta en su interior, tienen la posibilidad de realizar grandes actos a través de las mismas.

Veamos un ejemplo:

En el Talmud (Berajot 5b) se cuenta que Rabí Jía bar Aba enfermó. Rabí Iojanán se enteró y fue a visitarlo.

Cuando estuvo frente al enfermo, Rabí Iojanán le dijo: «¿Deseas los flagelos (para hacerte acreedor de un buen pago por parte de El Eterno al soportarlos)?».

Rabí Jía bar Aba le respondió: «¡No deseo los flagelos, ni al pago que sobreviene por ellos (pues no me permiten estudiar la Torá)!».

Rabí Iojanán, tras escucharlo, le dijo: «¡Dame la mano!». En arameo –que era la lengua hablada por ellos en esa época– se dice: *Ab li iedaj*. Rabí Jía bar Aba le dio la mano –*Hab leih iadeh*–. Rabí Iojanán asió su mano, lo ayudó a reincorporarse, y Rabí Jía bar Aba sanó.

OTRO CASO

En otra ocasión, el que enfermó fue Rabí Iojanán. Rabí Janina se enteró y fue a visitarlo.

Cuando estuvo frente al enfermo, Rabí Janina le dijo: «¿Deseas los flagelos (para hacerte acreedor de un buen pago por parte de El Eterno al soportarlos)?».

Rabí Iojanán le respondió: «¡No deseo los flagelos, ni al pago que sobreviene por ellos (pues no me permiten estudiar la Torá)!».

Rabí Janina, tras escucharlo, le dijo: «¡Dame la mano!» –*Ab li iedaj*–. Rabí Iojanán le dio la mano –*Hab leih iadeh*–.

Rabí Janina asió su mano, lo ayudó a reincorporarse, y Rabí Iojanán sanó.

Luego de narrar este suceso, en el Talmud se pregunta ¿por qué Rabí Iojanán no se curó solo, tal como hizo con Rabí Jía bar Aba cuando éste enfermó?

Se responde: un preso no se puede liberar a sí mismo.

NUEVO SUCESO

Posteriormente se narra un tercer caso similar. Rabí Eleazar enfermó. Rabí Iojanán se enteró y fue a visitarlo.

Cuando estuvo frente al enfermo, Rabí Iojanán dialogó con él, y luego le dijo: «¿Deseas los flagelos (para hacerte acreedor de un buen pago por parte de El Eterno al soportarlos)?».

Rabí Eleazar le respondió: «¡No deseo los flagelos, ni al pago que sobreviene por ellos (pues no me permiten estudiar la Torá)!».

Rabí Iojanán, tras escucharlo, le dijo: «¡Dame la mano!» –*Ab li iedaj*–.

Rabí Eleazar le dio la mano –*Hab leih iadeh*–.

Rabí Iojanán asió su mano, lo ayudó a reincorporarse, y Rabí Eleazar sanó.

REFLEXIÓN

Estos sucesos narrados por el Talmud despiertan nuestra curiosidad, pues seguramente nos preguntamos ¿cómo es posible que por el sólo hecho de darle la mano el enfermo sane?

La respuesta a esta cuestión es, que tanto Rabí Iojanán como Rabí Janina, que son quienes curaron a los enfermos, sabían con exactitud las propiedades de las letras y las combinaciones que hay en el interior de cada una de las mismas.

Por eso, cuando Rabí Iojanán advirtió que el cuerpo del enfermo estaba frío, supo que estaba por morir, ya que este síntoma ocurre cuando el fundamento del agua y la tierra predominan sobre el fuego (la temperatura).

Esto es un claro indicio de que la muerte está cerca, pues si la temperatura es vencida por completo, se produce automáticamente el deceso. Es ésta la razón por la cual los cuerpos de los fallecidos están totalmente fríos.

Al tener frente a él un cuadro semejante, el sabio procuró actuar sin demoras y darle al moribundo calor. Era con el objetivo de aumentar la temperatura de su cuerpo, para que recobre estabilidad.

¿Cómo hizo esto?

Le dijo: «¡Dame la mano!» –*Ab li iedaj*–.

Ab li iedaj se escribe así:

הב לי ידך

Estas tres palabras comienzan con las letras *He, Lamed, Iod*.

Las letras *He, Lamed, Iod*, que son las iniciales de *Ab li iedaj* son las mismas letras con las que se escribe uno de los 72 nombres de El Eterno.

Ahora bien, con perplejidad nos preguntamos: ¿por qué el erudito utilizó precisamente este nombre?

RESPUESTA

Porque la letra *He* contiene el fundamento del fuego, *Lamed* contiene el fundamento del agua, *Iod*, contiene el fundamento de la tierra.

O sea, al pronunciar el nombre de El Eterno, el erudito procuró inyectarle calor (la letra *He* contiene el fundamento del fuego) para que el fuego de la letra *He* se induzca en las letras *Lamed* –agua–, y *Iod* –tierra–. Así le salvó la vida.

De la misma manera actuó Rabí Janina cuando salvó a Rabí Iojanán.

Otro detalle

Además de lo narrado, los sabios que conocían las propiedades de las letras y pudieron curar a través de ellas, hicieron algo más para lograr su cometido. Solicitaron al enfermo: «Dame la mano», y a continuación, éste le dio la mano.

Le dio la mano –*Hab leih iadeh*– se escribe así:

$$\text{הב ליה ידיה}$$

Estas tres palabras también comienzan con las letras *He, Lamed*, "Iod".

Las letras *He, Lamed, Iod*, que son las iniciales de *Hab leih iadeh* son las mismas letras con las que se escribe uno de los 72 nombres de El Eterno.

$$\text{ילה}$$

Esto enseña que el enfermo mismo ayudó a recobrar el hálito de vida, concentrándose en este nombre de El Eterno.

Otro dato

Recordemos que cuando Rabí Iojanán enfermó, tras él mismo haber curado a otro, necesitó de alguien que lo curase a él. En ese momento en el Talmud se preguntó:

¿Por qué Rabí Iojanán no se curó solo, tal como hizo con Rabí Jía bar Aba cuando éste enfermó?

Se respondió: un preso no se puede liberar a sí mismo.

Esto significa: es verdad que el erudito contaba con los medios para curar a otros a través del conocimiento de las propiedades de las letras, y la pronunciación de los nombres de El Eterno. Pero en su propio ser no lo podía aplicar debido a que se encontraba «preso» de la enfermedad, la cual no le permitía concentrarse debidamente. Pero si viene otro que sí está en condiciones de concentrarse meticulosamente en el nombre de El Eterno, y lo hace con todos los detalles y pormenores requeridos, eso permite que la tenue concentración del enfermo sirva, surta efecto y le sea de ayuda para recobrarse. (Rab Eliahu Cohen – Midrash Talpiot)

CONCLUSIÓN

A través de los cinco sectores de la boca en los cuales se originan las 22 letras que derivan la masa de todo lo existente es posible realizar acciones determinantes que pueden alterar la situación de las creaciones.

Es más, el Talmud revela que dominando las propiedades de las letras a la perfección, hasta es posible crear a partir de ellas. Tal es el caso de Rab Janina y Rab Oshaia. Ellos, cada víspera de Shabat, estudiaban las leyes de la creación y cómo combinar las letras, similar a la forma en la que lo hizo el Todopoderoso cuando creó el universo.

Los sabios, a través de ese sistema que aparece en el *Sefer Yetzirá*, cada víspera de Shabat creaban una ternera y la comían. (Talmud Sanhedrín 57b).

X
EL FACTOR EMOCIONAL

En el capítulo anterior se narraron algunos sucesos que conllevan a la obtención de una idea cabal que permite saber cómo se debe actuar en el plano espiritual para sanar a un hombre.

Asimismo se apreció que además de la intervención de un individuo experto conocedor de las propiedades de las letras, es necesario que el enfermo se concentre en la medida de sus posibilidades y colabore.

A partir de esta afirmación surge una reflexión perspicaz que conduce al enunciado de una pregunta sorprendente:

El enfermo mismo, mediante su propia concentración mental, genera una complexión positiva que lo ayuda a modificar su propia condición física. Sobre la base de este argumento, aflora inmediatamente la interpelación: ¿acaso estamos hablando de la incidencia añadida del factor anímico?

Esta hipótesis induce a pensar: ¿es posible que las letras, además de poseer propiedades físicas, también contengan propiedades emocionales?

La respuesta brindada por los sabios en alusión a esta cuestión fue absolutamente afirmativa. Así como el cuerpo de la persona está integrado por los cuatro componentes físicos básicos, derivados de las 22 letras del alfabeto, de igual forma sucede con sus emociones. Las 22 letras del alfabeto contienen la base emocional del hombre.

PRUEBA

Cuando El Eterno creó el universo combinó la Bondad con la Severidad, y con este producto realizó la creación. (*véase* Rashi en Génesis 1:1, Gur Arié, Bereshit Raba 12)

Para ello utilizó los nombres El Eterno que denota Bondad, y E"lohim que denota Severidad.

Sobre la base del principio enunciado se alcanza a comprender fehacientemente la declaración del pasaje bíblico que expresa:

> Ésta es la genealogía de los cielos y la tierra cuando fueron creados, en el día de hacer El Eterno –bondad–, E"lohim –severidad– Tierra y Cielos. (Génesis 2: 4)

Se comprueba que El Creador hizo la tierra y los cielos con una mezcla de bondad y severidad.

INCIDENCIAS

Las letras que dieron origen a lo existente contienen además de los cuatro componentes físicos básicos, bondad y severidad. Estos agentes conforman la base de las reacciones emocionales de una persona. A continuación pasaremos a considerar la incidencia de los mismos.

El Eterno implantó en el interior del hombre una tendencia al bien –*ietzer tov*– y una tendencia al mal –*ietzer hará*–. Fue con el propósito de que el individuo se fortalezca y sobreponga con su tendencia al bien -*ietzer tov*- a la tendencia al mal –*ietzer hará*–.

Consecuentemente, debe fortalecerse y sobreponerse con su bondad y misericordia a la severidad. Pues la misericordia, los actos de bondad y sus ramificaciones, provienen de la tendencia al bien, la cual deriva de la bondad. Asimismo, debe abocarse a extirpar de su corazón todas las cualidades de crueldad, venganza, ira, y envidia, porque todas ellas provienen de la tendencia al mal, cuya raíz es la severidad. (Reshit Jojmá, Shaar Hairá 4: 25)

Resulta de lo aquí expuesto que es una necesidad imperiosa inducir la bondad dentro de la severidad y dominarla, para que el equilibrio sea apropiado y beneficioso. Tal como hizo El Eterno para crear el mundo.

LA BONDAD Y LA SEVERIDAD DENTRO DE LAS LETRAS

Un ejemplo de acción de este tipo lo hallamos en los casos citados previamente, donde un enfermo agonizante pudo recobrar su salud sobreponiéndose a la severidad de la enfermedad.

Para apreciar con mayor precisión los pormenores del suceso aludido, daremos en primer lugar la correspondencia de cada letra con los factores emocionales primarios: bondad-severidad.

Ésta es la correspondencia de cada letra:

Bondad absoluta

Éstas son las letras que corresponden a la Bondad absoluta: *Alef-Bet-Guimel-Dalet-He-Vav*

ו — ה — ד — ג — ב — א

Bondad

Éstas son las letras que corresponden a la Bondad: *Zain-Jet-Tet-Iod*

י — ט — ח — ז

Bondad y Severidad

Éstas son las letras que corresponden a la combinación de la Bondad con la Severidad: *Caf-Lamed-Mem-Nun-Samej-Ain*

ע — ס — נ — מ — ל — כ

Severidad

Éstas son las letras que corresponden a la Severidad: *Pe-Tzadi-Kof-Reish-Shin-Tav*

ת — ש — ר — ק — צ — פ

Fuente: *Pardés Rimonim, Shaar Haotiot*. Con estos datos obtenidos, es posible analizar más profundamente lo sucedido en los casos citados previamente.

EXAMEN

En el Talmud se narró un suceso, donde el sabio que curó al enfermo, le solicitó: «Dame la mano», y éste le dio la mano.

Le dio la mano –*Hab leih iadeh*– se escribe así:

הב ליה ידיה

Estas tres palabras comienzan con las letras *He, Lamed, Iod.*

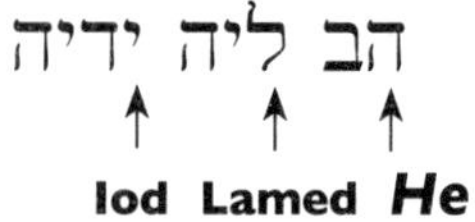

Las letras *He, Lamed, Iod*, que son las iniciales de *Hab leih iadeh*, son las mismas letras con las que se escribe uno de los 72 nombres de El Eterno.

Nombre de Dios

Esto enseña, que el enfermo mismo ayudó a recobrar el hálito de vida, pensando en este nombre de El Eterno. (Midrash Talpiot)

ANÁLISIS

Al analizar estas letras, de acuerdo con lo mencionado sobre las propiedades emocionales de cada una, resulta:

Iod = Bondad

Lamed = Bondad y Severidad

He = Bondad absoluta

El detalle contemplado implica: el sabio que sanó al enfermo inyectó en él bondad (*Iod*), en una mezcla de bondad y severidad (*Lamed*), para que derive en bondad absoluta (*He*).

Además, el enfermo logró colaborar concentrándose en ello. De esta manera pudo fortalecerse y sobreponerse con su bondad y misericordia a la severidad, tal como vimos que es el objetivo del hombre.

Resulta que el enfermo se curó gracias a que recobró su temperatura corpórea habitual. Este hecho fue posible gracias a la inyección de calor en su integridad corporal líquida –agua–

y sólida –tierra–. Aunque también gracias a la inyección de bondad en la severidad de la enfermedad que se estaba sobreponiendo a la bondad, y derivó de este modo bondad absoluta, lo que conllevó a la recuperación total de la salud.

Los medicamentos en general

Este principio exhibido funciona de igual modo con los distintos medicamentos que se suministran para aliviar el efecto de las diferentes enfermedades. Los componentes de los mismos deben contener la combinación apropiada de los ingredientes espirituales necesarios para combatir la enfermedad y entonces ayudan a curar.

En los libros de cabala se citan infinidad de remedios que fueron prescritos y utilizados para sanar, respetando estrictamente el orden enunciado.

Por ejemplo, para una receta de pomada indicada para curar ciertos tipos de hinchazón se apuntaron los siguientes ingredientes:

- ✓ Harina de sémola depurada
- ✓ Aceite de nuez
- ✓ Miel de primera calidad
- ✓ Vino de primera calidad

Fuente: *Mifalot Elokim*, apartado: hinchazones –*nipuaj*–.

Desglose

Para comprender la composición real curativa de este producto cotejaremos la esencia nominal de los ingredientes que lo integran:

Harina en hebreo es *kemaj*

קמח
Harina

Aceite en hebreo es *shemen*

שמן
Aceite

Miel en hebreo es *debash*

דבש
Miel

Vino en hebreo es *iain*

יין
Vino

Al someter estos componentes a su correspondencia de acuerdo a las propiedades de las letras que los integran resulta:

Primer ingrediente

El primer ingrediente es harina, *kemaj*:

קמח
Kemaj

Éste que se expone a continuación es el desglose de los componentes que posee en su interior:

ק = Severidad

מ = Bondad y Severidad

ח = Bondad

Apreciamos que en *kemaj* se introduce primeramente la Severidad de la enfermedad en una mezcla de Bondad y Severidad. Luego, esta Severidad debilitada por esa mezcla ingresa en la Bondad, que se opondrá a la severidad de la anomalía.

Segundo ingrediente

El segundo ingrediente es aceite, *shemen*:

Aceite

Éste es el desglose de los componentes que posee en su interior:

שׁ = Severidad

מ = Bondad y Severidad

ן = Bondad y Severidad

Shin es una letra que contiene severidad, al igual que la inicial de *kemaj*. Sólo que se trata de una severidad más lánguida, pues la letra *Shin* se sitúa en el alfabeto después de *Kof*, la primera letra de *kemaj*. Este distanciamiento de la fuente primaria atenúa su poder.

Esta severidad de la letra *Shin* se introduce en *Mem*, que contiene una mezcla de Bondad y Severidad.

Por último *Mem* se introduce en *Nun*, que es la letra que sigue a *Mem* en el alfabeto, y contiene también una mezcla de Bondad y Severidad. Aunque más débil que la mezcla de *Mem*. Con esto, se va debilitando la severidad de la enfermedad.

Tercer ingrediente

El tercer ingrediente es miel, *debash*:

דבש

Miel

Éste es el desglose de los componentes que posee en su interior:

ד = Bondad absoluta

ב = Bondad absoluta

ש = Severidad

La letra *Dalet*, que contiene un alto nivel de Bondad Absoluta, se introduce dentro de *Bet*, que contiene Bondad Absoluta atenuada. Luego, este producto se introduce dentro de *Shin* que contiene Severidad (con el fin de restarle fuerza).

Cuarto ingrediente

El cuarto ingrediente es vino, *iain*:

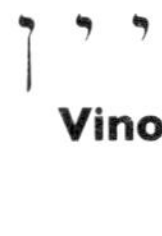

Vino

Éste es el desglose de los componentes que posee en su interior:

י = Bondad

י = Bondad

ן = Bondad y Severidad

En el vino –*iain*–, se inserta Bondad dentro de Bondad, y este producto en una mezcla de Bondad y Severidad.

Se mezclan estos cuatro ingredientes, y entre todos se encargan de combatir la severidad de la enfermedad, hasta vencerla.

CONCLUSIÓN:

Es posible curar la enfermedad mediante nombres claves de El Eterno, y tamb-én con mezclas apropiadas, pero siempre respetando la función de las propiedades que El Eterno dispuso en la esencia del nombre de cada producto.

Es por esta razón que el conocimiento de las propiedades de las letras es obligatorio para aquellos sabios que se ocupan de indicar los nombres apropiados y combinan las letras de acuerdo a las propiedades de cada una. (Mifalot Elokim «otiot», –Pardés Rimonim Shaar Haotiot).

XI
PROPIEDADES Y MANIFESTACIONES
DE LAS CREACIONES

A lo largo de los capítulos anteriores se ha esclarecido que El Eterno creó el universo con 22 letras. Las mismas poseen propiedades físicas, los cuatro elementos básicos, y también propiedades emocionales intangibles, –llamémoslas espirituales–, que van desde bondad absoluta hasta severidad.

Se ha conjeturado además que la presencia espiritual precede a la física, tal como se aprende de la creación del universo.

A partir de este enunciado surge que cada cuerpo existente en el universo posee presencia física y también espiritual.

Sobre la base de este principio cabe afirmar que tanto los cuerpos pequeños como los más voluminosos están dotados de los cuatro elementos físicos básicos: materia –tierra–, temperatura, agua y aire, y también poseen bondad y severidad, igual que un ser humano.

Este fenómeno, en caso de resultar tal como fue planteado, posibilitaría que también un cuerpo aparentemente inerte, como un planeta, alabe a El Eterno, como lo hace un ser humano.

PRUEBA

Analizando la Torá, se halla un versículo que enuncia:

Escuchad Cielos y hablaré, oíd Tierra, el dicho de mi boca –dice El Eterno– (Deuteronomio 32:1).

Por medio del pasaje anterior queda al descubierto que los Cielos y la Tierra tienen capacidad de prestar atención a la palabra de El Eterno y cumplir la orden que les encomiende a través de lo que dirá. El libro de los Salmos amplía aún más este concepto:

«Alabad a Dios, alabad a El Eterno, corte de los Cielos, alabadlo en las alturas. Alabadlo, todos Sus ángeles, Alabadlo, todas Sus huestes. Alabadlo, Sol y Luna, Alabadlo, todas las estrellas luminosas. Alabadlo, cielos superiores, y las aguas que están sobre los cielos. Alabad el nombre de El Eterno, pues Él ordenó y fueron creados. Los estableció para siempre, les estipuló fronteras, y no alterarán su curso. Alabad a El Eterno criaturas terrestres, peces gigantescos y todo lo que hay en las profundidades oceánicas. El fuego, granizo, nieve y humo, viento, tempestad que actúan según Su mandato. Montes y todas las colinas, árboles frutales y todos los demás árboles, el animal salvaje y todo animal doméstico, los reptiles y todas las aves aladas. Los reyes del mundo y todas las naciones, ministros honorables y todos los jueces de la tierra. Jóvenes y doncellas, ancianos con adolescentes. Alabad el nombre de El Eterno, pues sólo Su nombre es ensalzado, Su esplendor está sobre la tierra y el cielo. (Salmos 148)

Sobre esta base Maimónides afirmó:

Todos los planetas y las esferas poseen un alma, principio de su movimiento, comprensión e inteligencia; tienen vida y se mantienen, y además conocen a Aquel que habló y creó el mundo. Cada uno, según su nivel y capacidad, alaban y ensalzan a su Creador tal como los ángeles. Y de la misma manera que conocen a Dios, así también se conocen a sí mismos y conocen a los ángeles que se encuentran sobre ellos. La capacidad intelectual de los planetas y esferas es menor que la de los ángeles y mayor que la de los seres humanos. (Iesodei HaTora 3:9)

CONSECUENCIA

Resulta que toda la creación tiene presencia física (los cuatro elementos), más presencia espiritual y emocional. Por lo tanto, todos los objetos materiales existentes tienen la misión de servir y alabar a El Eterno. Ahora bien, ¿cuál es la cumbre a alcanzar en el servicio divino?

Que las creaciones de lo Bajo, en las que el materialismo predomina, alaben a El Eterno en la Tierra. Este acto debe ser ejecutado por los seres humanos en el lugar elegido para tal fin, donde Su presencia se manifiesta reveladamente, el Templo Sagrado.

La corroboración de lo enunciado se encuentra en el versículo:

Haced para Mí un Templo Sagrado –*Mikdash*–, y habitaré dentro de ellos. (Éxodo 25: 8)

Aprendemos que la presencia de El Eterno habita manifiestamente en el mundo cuando el Templo Sagrado está en pie y es allí alabado por sus fieles. Esto no fue dicho a los planetas, ni a las estrellas, ni a los ángeles, sino a los seres humanos.

Ésta es la cumbre a alcanzar en el servicio divino.

XII
EL TEMPLO SAGRADO

La cumbre a alcanzar en el proceso de rectificación del mundo y observancia del servicio divino consiste en alabar a El Eterno en el Templo Sagrado. Se trata del sitio elegido por Él para hacer morar su Presencia Divina en el mundo terrenal. Como está escrito: «Haced para Mí un Templo Sagrado y moraré entre ellos». (Éxodo 25: 8)

Es decir, el Templo Sagrado fue requerido para que la presencia de El Eterno esté entre el pueblo, generándose subsecuentemente Su revelación en lo Bajo. Este hecho posibilita el acoplamiento entre Él y sus creaciones.

Perfil del Templo

El Templo Sagrado debe poseer una estructura meticulosa y un perfil determinado, pues se trata del nexo que permite el vínculo de la Presencia Divina con el mundo terrenal. Por tal razón es de gran preeminencia interiorizarse en todos los pormenores de esta construcción, con el fin de estar al tanto de la solicitud requerida por El Eterno para ligarnos a Él.

A través de este acto se logrará una compenetración estrecha con el modelo solicitado, al poder a partir de allí, colocarse la mira en dirección al objetivo concluyente: la construcción del Templo Sagrado definitivo.

Modelo

La orden bíblica de construir el Templo Sagrado es breve, y no se deduce a partir de la misma las dimensiones del recinto, las cámaras, ni la distribución exacta de los componentes que deben colocarse en este edificio sagrado.

En la Torá se enumeran en forma ordenada y detallada los elementos que deberían ser realizados para colocar en el interior del Templo Sagrado. El arca para contener las tablas de la ley, el lavatorio para purificarse las manos y los pies, la mesa, el altar, y todos los demás componentes. (Éxodo 25: 1 a 27: 19)

Pero la disposición de estos elementos, y la estructura que debe tener el Templo Sagrado, son datos que no aparecen revelados en el Pentateuco. Mas constan en el Tanaj –compendio de los cinco libros de Moshé, Escritos Sagrados y Profetas–, es decir, en la Biblia.

En el libro de 1 Reyes capítulo 6 se hace alusión al primer Templo Sagrado que fue construido por el rey Salomón: «Aconteció al cabo de cuatrocientos ochenta años desde la salida de los hijos de Israel de la tierra de Egipto, en el mes del esplendor, que es el mes segundo, del reinado de Salomón sobre Israel, que él construyó la casa de El Eterno. La casa que construyó el rey Salomón para El Eterno, fue de sesenta codos de longitud, y veinte su ancho, siendo su altura de treinta codos».

Luego, los versículos siguientes nos ofrecen una descripción completa de la obra realizada por el rey Salomón.

El hecho de que no haya sido especificado el detalle completo de cada sección del Templo Sagrado en el Pentateuco, pese a haberse resaltado la trascendencia del mismo, indica el requerimiento de un esfuerzo adicional. El mismo debe conllevar al hallazgo de cada parámetro exacto requerido, con el fin de conseguir un Templo Sagrado apto e idóneo, que permita galardonar el esfuerzo realizado mediante la Presencia Divina en el lugar.

Sobre la base de estos versículos citados, más las explicaciones del Talmud y demás enseñanzas de los sabios, fue elaborado un compendio integral. En el mismo se incluye lo más relevante de los hechos, permitiendo una comprensión cabal del tema. Este compendio fue resumido por Maimónides.

El mismo es de gran utilidad y permite apreciar los pormenores de la construcción del Templo Sagrado en forma sintética y precisa.

Extracto del resumen de Maimónides

Maimónides dijo: «El Templo Sagrado debe contar imprescindiblemente con tres secciones especiales: un sector sagrado, llamado *Kodesh*, y un sector ultra sagrado llamado *Kodesh HaKodashim*. Además, se dispondrá delante del *Kodesh*, un sitio al que se llamará *Ulám*. Estas tres secciones en conjunto reciben el nombre de *Eijal*.

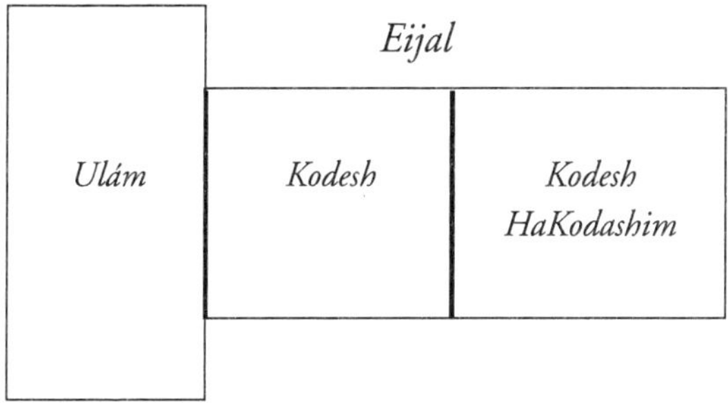

En torno del *Eijal* se debe disponer un espacio similar al que había en el Tabernáculo que construyó Moshé en el desierto. El mismo será cercado por una nueva división, y todo lo que la misma encierre se llamará *Azará*.

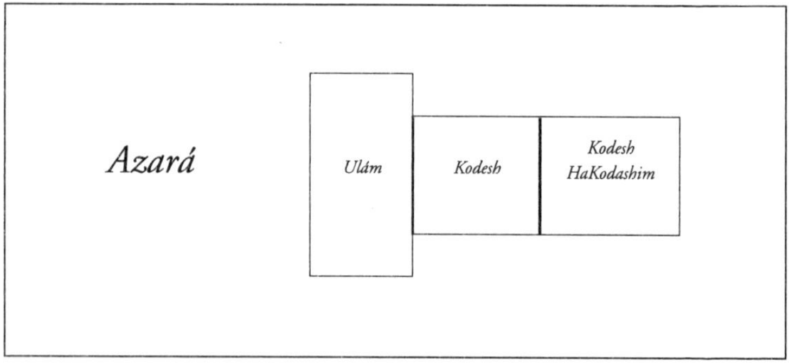

La Azará debe estar subdividida en tres sectores:

1) El primer sector será accesible sólo para los oficiantes del Templo, los descendientes de Aarón –*Cohanim*–, y sus ayudantes –*Levitas*–.

2) El segundo sector será de acceso general para los varones, y se llamará *Azará* de Israel.

3) El tercer sector será para las mujeres, y se llamará *Azará* de las mujeres.

4) Finalmente, el conjunto de todos los sitios pertenecientes al Templo Sagrado es llamado *Beit Mikdash*.

BEIT MIKDASH (Templo Sagrado)

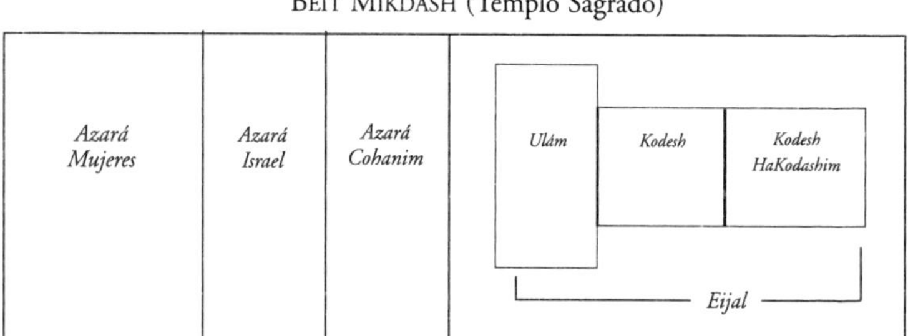

DETALLES RELEVANTES

En el lugar ultra sagrado, llamado *Kodesh HaKodashim*, estaban las tablas de la ley, (en las cuales se hallaban escritos los diez mandamientos, que son «el corazón» de la Torá). También había allí un arca, en cuyo interior estaban guardadas las tablas de la ley, y dos querubines dispuestos sobre el arca.

En el lugar santo, llamado *Kodesh* había un candelabro, llamado *Menorá*, un altar de oro (para ofrendar sobre él el incienso), y la mesa para el pan de las caras (era un pan especial, que se llamaba así por razón que estaba armado de un modo parecido a una caja sin tapa y sin dos de sus lados, y para fabricar algo así, se necesitaban tres moldes, uno para introducirlo dentro del mismo cuando aún es masa cruda, otro en el horno para que no se estropee y el tercero al retirarlo de éste para que no se destruya ninguna de «las caras» del pan, tanto al ser sacado como durante su traslado).

En el *Ulám*, que se hallaba antes del *Kodesh* a manera de antesala, había allí una mesa de mármol, para colocar en ella los panes de las caras antes de ingresarlos al *Kodesh*. También había allí una mesa de oro, para colocar en ella los panes de la semana anterior que eran retirados para ingresar los nuevos. Cabe destacar, que pese a permanecer una semana entera en la mesa del *Kodesh* los panes retirados presentaban un aspecto de frescura similar a los recién elaborados. Ésta es una síntesis del resumen elaborado por Maimónides acerca de la estructura del Templo Sagrado.

HECHOS DESTACADOS

En la síntesis transcrita resalta fundamentalmente la presencia del corazón de la Torá, las tablas de la ley, en el corazón del Templo Sagrado, en el sitio más sagrado del mismo, el *Kodesh HaKodashim*.

La Torá, como dijimos en capítulos anteriores, es el plano del universo elaborado por El Eterno antes de la creación, y contemplado por Él para concebir toda Su obra.

El término Torá significa luz –*Oraita*–, y también enseñanza. Es porque ella alumbra al mundo con sus enseñanzas. Ésta es la causa por la cual estaba ubicada en el lugar central de la casa de Dios, en el sitio más selecto.

Además de este fenómeno luminoso ubicado en el *Kodesh HaKodashim*, en el sector sagrado, llamado *Kodesh*, hallamos otro elemento que irradia luz al mundo. Nos referimos al candelabro que allí había, llamado Menorá.

La Menorá se situaba en la antesala –*Kodesh*– y alumbraba el camino que conducía a la Torá, que se encontraba en el sitio más sagrado del Templo –*Kodesh HaKodashim*–.

Este sistema descrito nos lega un mensaje valiosísimo: «Para llegar a la Torá, hace falta guiarse por la luz de la Menorá».

Planteamiento

Dada la relevante trascendencia asumida por la Menorá se analizará a continuación la estructura de la misma. Pues se trata del instrumento que alumbra el trayecto conducente a la Torá, el plano del universo.

La Menorá tenía una característica sumamente particular: todas las velas estaban reclinadas hacia la del medio y alumbraban en dirección de esta vela central.

La posición de la Menorá en el Templo Sagrado, alumbrando el camino a la Torá, indica cómo llegar a ella. Siempre hay que seguir la luz de la Menorá para que alumbre el camino hacia la Torá, sin desviarse a diestra ni a siniestra.

¿Cómo se logra esto?

Siguiendo las enseñanzas que emanan de la estructura de la Menorá misma. Éste será el trabajo que nos mantendrá ocupados en el siguiente capítulo.

XIII
LA MENORÁ

En el interior del Templo Sagrado, en el lugar santo, denominado *Kodesh* había un candelabro llamado Menorá. El mismo alumbraba el camino que conduce a la Torá. Seguidamente se presentará el detalle estructural de este fabuloso artefacto sagrado.

En el Pentateuco hallamos estos datos (Éxodo 25:31-38):

La Menorá debe tener:
- 7 brazos
- 9 flores
- 11 botones
- 22 cálices

Respecto a la altura de la Menorá, es un dato que no consta explícitamente en el Pentateuco.

Esta información faltante despertó el interés de los sabios, quienes analizaron exhaustivamente el tema, reuniendo todos los testimonios posibles de quienes sabían las dimensiones de la Menorá realizada por Moshé en el desierto.

Pues se sabe con certeza plena que Moshé construyó una Menorá en el desierto mediante orden directa de Dios. La misma, una vez acabada, fue colocada en el Tabernáculo Móvil, que acompañó al pueblo hasta que llegaron a la Tierra Prometida.

Contando con este dato de inigualable relevancia, los sabios analizaron las distintas versiones disponibles, y tras arduos debates llegaron a la conclusión que la altura de la Menorá debía ser de 17 puños. Aunque otros consideraron que la altura debía ser de 18 puños.

Éste es el aspecto de la Menorá respetando todas las dimensiones expuestas:

Enseñanza derivada

A continuación, estos cinco pormenores de la Menorá, es decir, su cantidad de brazos, flores, botones, cálices y altura, serán analizados escrupulosamente, buscando extraer de los mismos una enseñanza concreta.

LOS BRAZOS DE LA MENORÁ

Los sabios inquirieron y detectaron que los siete brazos de la Menorá coinciden exactamente con la cantidad de palabras que contiene el primer versículo del primer libro del Pentateuco. O sea, el libro del Génesis.

Esta relación indica que la cantidad de brazos de la Menorá, tienen un vínculo estrecho con el primer versículo del Génesis.

La imagen muestra los siete brazos de la Menorá.

Prueba

Para probar lo expuesto, transcribiremos a continuación el citado versículo (Génesis 1):

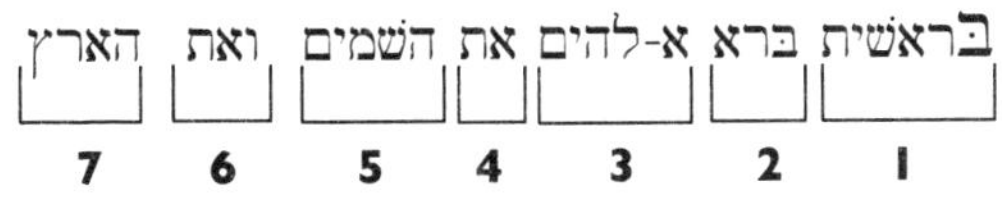

Aquí transcribimos esas mismas palabras, pero en fonética:

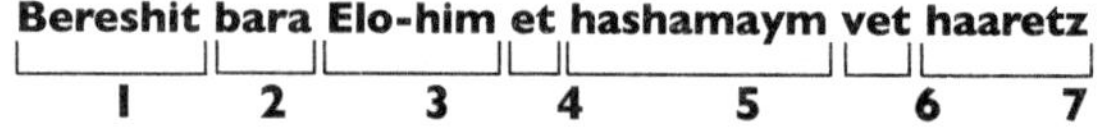

Ésta es la traducción al español del versículo:

En principio Creó Dios a los Cielos y a la Tierra.

Los botones de la Menorá

Los once botones de la Menorá coinciden exactamente con la cantidad de palabras que contiene el primer versículo del segundo libro del Pentateuco. O sea, el libro del Éxodo.

Esta relación indica que la cantidad de botones de la Menorá, tienen un vínculo estrecho con el primer versículo de Éxodo.

Prueba

Para probar lo expuesto, transcribiremos a continuación el citado versículo (Éxodo 1: 1):

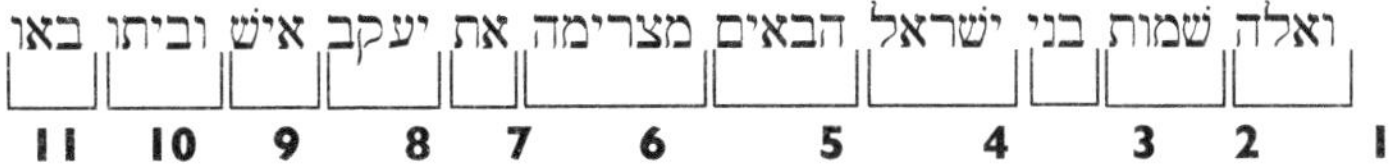

Aquí trascribimos esas mismas palabras, pero en fonética:

Ésta es la traducción al español del versículo:

> Éstos son los nombres de los hijos de Israel que vinieron a Egipto con Jacob, –cada– varón con su casa vino.

LAS FLORES DE LA MENORÁ

Las nueve flores de la Menorá coinciden exactamente con la cantidad de palabras que contiene el primer versículo del tercer libro del Pentateuco. O sea, el libro del Levítico.

Esta relación indica que la cantidad de flores de la Menorá, tienen un vínculo estrecho con el primer versículo del Levítico.

9
(7+2)

Prueba

Para probar lo expuesto, transcribiremos a continuación el citado versículo (Levítico 1: 1):

Aquí trascribimos esas mismas palabras, pero en fonética:

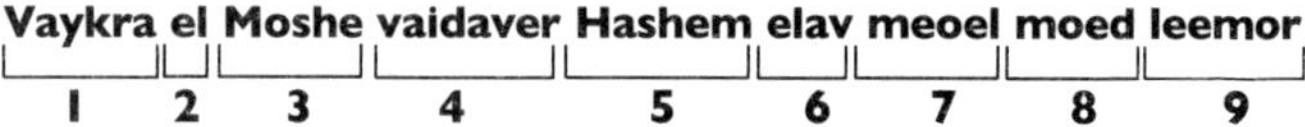

Ésta es la traducción al español del versículo:

Llamó a Moshé y le habló El Eterno a él desde el Tabernáculo de Reunión diciendo.

LA ALTURA DE LA MENORÁ

Los diecisiete puños de altura de la Menorá coinciden exactamente con la cantidad de palabras que contiene el primer versículo del cuarto libro del Pentateuco. O sea, el libro de Números.

Esta relación indica que los diecisiete puños de altura de la Menorá, tienen un vínculo estrecho con el primer versículo de Números.

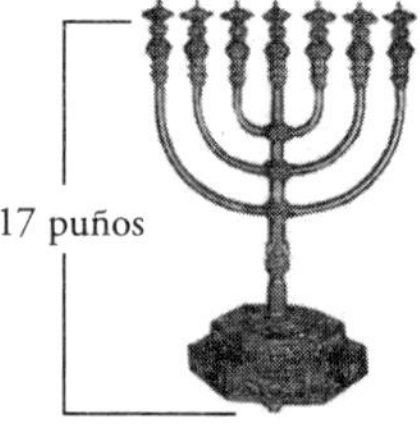

Prueba

Para probar lo expuesto, transcribiremos a continuación el citado versículo (Números 1: 1):

Aquí trascribimos esas mismas palabras, pero en fonética:

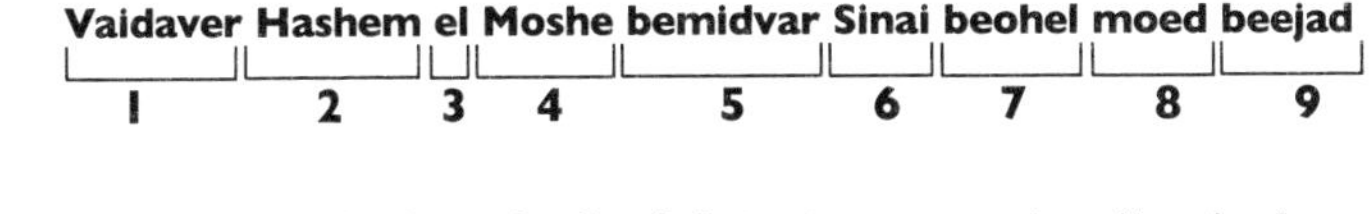

Ésta es la traducción al español del versículo:

> Habló Dios a Moshé en el desierto Sinaí, en el Tabernáculo de Reunión, a uno del mes segundo, del segundo año desde la salida de ellos de Egipto diciendo.

LOS CÁLICES DE LA MENORÁ

Los veintidós cálices de la Menorá coinciden exactamente con la cantidad de palabras que contiene el primer versículo del quinto libro del Pentateuco. O sea, el libro del Deuteronomio.

Esta relación indica que la cantidad de cálices de la Menorá, tienen un vínculo estrecho con el primer versículo del Deuteronomio.

Prueba

Para probar lo expuesto, transcribiremos a continuación el citado versículo:

Deuteronomio 1: 1

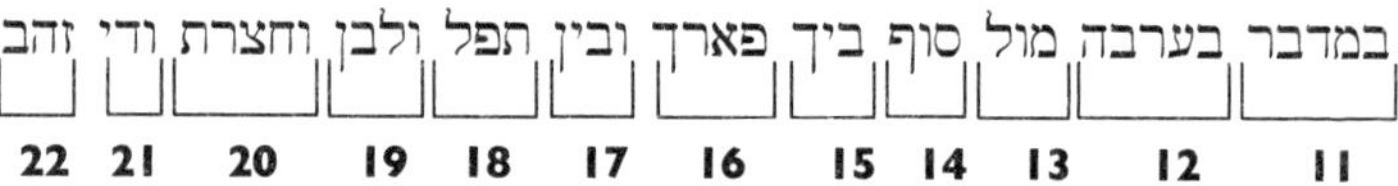

Aquí trascribimos esas mismas palabras, pero en fonética:

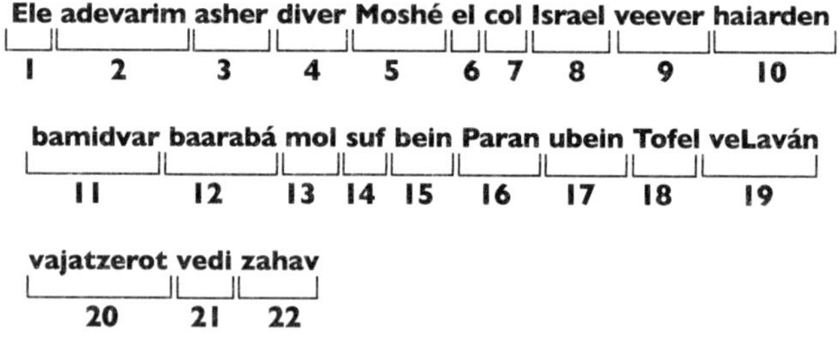

Ésta es la traducción al español del versículo:

> Éstas son las palabras que habló Moshé a todo Israel en el otro lado del Jordán, en el desierto, en la llanura, frente a Suf, entre Parán y entre Tofel y Di Zahav.

SÍNTESIS DE LA RELACIÓN ENTRE LA MENORÁ Y LA TORÁ

Existe una clara relación entre los distintos componentes de la Menorá y el versículo inicial de cada libro del Pentateuco. Esto es algo que fue aludido en el libro de los Salmos: «El principio de Tus palabras alumbrará». (Salmos 119: 130)

De acuerdo a esta declaración, resulta que el principio de las palabras de El Eterno, que constan en el Pentateuco, alumbra todo lo que viene a continuación.

Las implicaciones de este tremendo enunciado, como es de suponer, generan sensacionales revelaciones. El desglose de las mismas será el tema central de nuestro próximo capítulo.

Nota: en el tratado talmúdico de Iomá (4b) consta que la palabra *leemor* se divide en dos: *lo emor*, que significa «no digáis». Mediante esta variante, el versículo primero del libro Números tendría 18 palabras, quedando resuelta la opinión que declara que la altura de la Menorá es de 18 puños.

XIV
EL PRINCIPIO
DE LAS PALABRAS DE DIOS

En el capítulo anterior se esclareció que el principio de las palabras de El Eterno alumbra extraordinariamente a todo lo que le sigue.

Esta tesis puede ser corroborada. Para lograrlo será menester inducirse en el análisis de la primera voz emitida por El Eterno durante la creación, es decir, el término primordial que consta en el Pentateuco, y someterlo a un riguroso examen.

Análisis

La expresión que aparece en el Pentateuco en primer orden, es *Bereshit*, y muchos sabios se han abocado ya a la faena de someterla a un exhaustivo escrutinio. Entre ellos el renombrado erudito Yaakov Baal HaTurim, quien desmenuzó cuidadosamente el término en cuestión, brindando un excelente cuadro descriptivo.

A continuación presentamos una sinopsis de sus enseñanzas:

El término *Bereshit* «en principio», con el que da inicio el Génesis, está compuesto de las mismas letras que las palabras *Beit Rosh* –Primera Casa–.

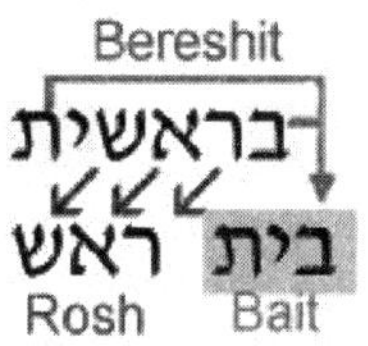

Esta expresión, *Beit Rosh*, hace referencia al Primer Templo Sagrado. Como está escrito: «Trono de gloria, excelso desde el Principio, es el lugar de nuestro Templo Sagrado». (Jeremías 13: 12)

El enunciado presentado permite apreciar a partir de la primera voz que consta en la Biblia, que El Eterno alude al Templo Sagrado desde un comienzo. Es decir, desde el momento de la creación, como lo indica el versículo citado de Jeremías, lo cual avala lo derivado de la palabra examinada, *Bereshit*, que se encuentra al inicio del Génesis. Esta elucidación de Baal Haturim está fundamentada sobre la base de lo enseñado en el tratado talmúdico de Pesajim (54a). Allí consta que el Templo Sagrado fue proyectado antes de la creación del mundo.

OTRA EXPLICACIÓN

El término *Bereshit* «en principio», con el que da inicio el Génesis, está compuesto de las mismas letras que las palabras *Alef be Tishrei* –1 de Tishrei–, la fecha de creación del universo. (Talmud Rosh Hashaná 27a)

בראשית

א בתשרי

Dado que el universo fue creado el 1 del mes Tishrei, cada año, cuando llega esa fecha se celebra el Año Nuevo, es decir, Rosh Hashaná, el aniversario del Mundo.

OTRA EXPLICACIÓN

El término *Bereshit*, con el que da inicio el Génesis, está compuesto de las mismas letras que las palabras *Bará Shtei* –Creó dos–. Es en alusión a la Torá escrita y a la Torá oral. (Tikunei Zohar 76b)

בראשית

ברא שתי

OTRA EXPLICACIÓN

El término *Bereshit,* con el que da inicio el Génesis, está compuesto de las mismas letras que las palabras *Iaré Shabat* –Teme al Shabat–. Se indica el temor que debe expresarse por el Shabat, no violando las leyes pertinentes (Tikunei Zohar: hakdama). Esta relación indica que el universo fue creado en mérito del Shabat.

בראשית

ירא שבת

OTRA EXPLICACIÓN

El término *Bereshit,* con el que da inicio el Génesis, está compuesto de las mismas letras que las palabras *Brit Esh* –Pacto de fuego–. Indica que por el merito del Pacto, que es la circuncisión y por mérito del fuego, que es la Torá, uno se salva del juicio en el Infierno –*Guehenom*–. (Bereshit Rabá 21: 9)

בראשית

ברית אש

OBSERVACIÓN

La sinopsis presentada es sólo una reseña del argumento proporcionado por el sabio Baal Haturim en relación con la expresión *Bereshit.* No obstante, las opciones citadas permiten apreciar la enorme cantidad de luz que contiene el primer término bíblico, el cual irradia un espectacular resplandor que enciende e ilumina conceptos de la más diversa variedad, los cuales derivan en su totalidad de *Bereshit*.

Estas dilucidaciones presentadas, las cuales conforman una irradiación de luz derivada de la primera voz emitida por El Eterno, tienen un alcance colosal. Grandes eruditos han analizado estas enseñanzas proporcionadas por el sabio Baal Haturim, y detectaron que las mismas conforman un campo de luz inmenso. Permiten ser desglosadas y ampliadas independientemente, generando una serie de conceptos adicionales que completan y despliegan magistralmente lo enunciado.

UN PARADIGMA

El primer planteamiento abordado fue: el término *Bereshit*, con el que da inicio el Génesis, está compuesto de las mismas letras que las palabras *Beit Rosh* –Primera Casa–, en alusión al Primer Templo Sagrado.

En el libro *Midrash Mei Hashiloaj* se brinda una nueva enseñanza que refuerza notoriamente lo revelado por Baal Haturim.

El término *Bereshit*, presenta una composición de letras tal, que indican las iniciales de la siguiente frase: «La Primera Casa existió 410 años», en hebreo: *Bait Rishón Ekim Shenot Tai.*

בראשית

בית ראשון אקים שנות י"ת

Casa — Primera — exisitió — años — 400 10

Es decir, no sólo fue pronosticado en el primer término del Pentateuco la existencia del Templo Sagrado, sino también la cantidad de años exacta que el mismo estaría en pie. Pues se enseñó, que el Templo Sagrado fue destruido tras 410 años de existencia, como está escrito: «Y en el mes quinto a siete del mes, que es el año diecinueve del reinado de Nabucodonosor rey de Babilonia vino Nebuzradán... e incendió la casa de El Eterno y la casa del rey» (2 Reyes 25: 8).

Esta nueva explicación permite vaticinar que no sólo la primera palabra emitida por El Eterno alumbra, sino cada una de las letras que la componen. De este modo, «el principio de tus palabras alumbrará» se aplica también a cada uno de los caracteres originados por Él en forma independiente.

CERTIFICACIÓN

Esta conclusión a la que se ha arribado la confirma el gran sabio Eliahu de Vilna, conocido popularmente por el distintivo «El Gaón de Vilna».

El mentado letrado dejó registrado en el libro *Sifre Ditzniuta*, escrito por él mismo, la siguiente erudición:

Todo está incluido en la palabra *Bereshit*
Todo está incluido en la letra *Bet* de *Bereshit*
Todo está incluido en el punto de la letra *Bet* de *Bereshit*

(Sifre Ditzniuta hoja 34, texto que comienza con la expresión *vehaclal*)

NUEVO APOYO

También el sabio Or Hajaim se refirió al tema, enunciando que en cada carácter articulado por El Eterno, existe gran cantidad de luz. Y no sólo eso, sino que en el mismo están contenidos los datos de toda la creación. (Basado en explicación de Or Hajaim, Bereshit 1: 1)

Por lo tanto, dada la magnitud de la rutilante revelación alcanzada, lo más sensato es someter uno solo de los caracteres pronunciados por El Eterno a un perspicaz escrutinio con el fin de observar la luz que irradia.

PROGRESO

Como preludio a la prueba concreta que certifique lo dicho, presentaremos una reflexión breve sobre lo puntualizado.

Cuando El Eterno creó las letras, las combinó todas con todas. Luego, con este producto creó todo lo existente a partir de una de ellas, la letra *He*. (Sefer Yetzirá)

Según lo expresado, resulta que cada letra contiene la información de todas las demás, acordando completamente con las exégesis recientemente citadas.

Por lo tanto, trasladando este concepto a la concepción de la creación y al plano utilizado para llevarla a cabo, un carácter de la Biblia debería contener todo lo que en ella consta.

En el libro *El Zohar* se manifiesta el principio mencionado a través de una alegoría asociada al enunciado que deriva del versículo: «el principio de tus palabras alumbrará».

Al observar el cielo, cada noche divisamos una gran cantidad de diminutos puntos luminosos, las estrellas. Las mismas, a simple vista, aparentan ser extremadamente pequeñas. Sin embargo, la realidad es que son muy grandes, y aunque la luz que nos llega de ellas no es muy poderosa, en las alturas celestiales alumbran muchísimo.

Tal es el caso del Sol, al cual podemos observar desde aquí abajo, y nos parece pequeño, sin embargo su tamaño es varias veces mayor que el de la Tierra, y la luz que emana de él es colosal.

Esto mismo acontece con las letras utilizadas por Dios para realizar toda la creación. (Introducción a Tikunei HaZohar – Reshit Jojmá Shaar Hairá 4: 35)

PROCESO ANALÍTICO

Ahora que se ha enunciado la tesis, se procederá a verificarla. Para ello nos valdremos de un ejemplo original. El mismo consiste en un descubrimiento que la ciencia ha revelado en los últimos tiempos. Nos referimos al estudio de la genética humana, o sea, la rama de la ciencia que se ocupa de analizar las causas determinantes de las similitudes y diferencias entre los individuos.

Utilizaremos este extraordinario descubrimiento científico actual para brindar una ilustración representativa de nuestro tema. Aunque es nuestra intención aclarar que no tenemos como objetivo validar o invalidar los descubrimientos científicos y tecnológicos que surgieron, surgen o surgirán, sino solamente tomarlos para mostrar un ejemplo práctico alusivo. Por lo tanto, debe quedar perfectamente claro que todos los datos científicos que mencionamos son sólo ejemplos y nos mantenemos totalmente al margen de las diferencias que puedan existir entre los distintos investigadores.

Después de esta necesaria acotación, pasaremos ya mismo a interiorizarnos en el estudio genético en las personas, el cual se realiza básicamente analizando lo que acontece en el ADN (ácido desoxirribonucleico), que es el material genético que hay en las células del cuerpo.

BASES DE LA GENÉTICA HUMANA

Para explicar el proceso genético en el ser humano, comenzaremos por mencionar lo que los científicos han descubierto. Ellos han revelado que cada célula nucleada tiene 46 cromosomas, con excepción de las células de esperma del hombre y el óvulo de la mujer, que contienen solamente 23 cromosomas.

También revelaron que cada célula de la reproducción, el óvulo y el espermatozóide, contienen una parte central más densa que se llama «núcleo». Dentro de este núcleo se distinguen partículas que absorben fácilmente ciertos colorantes y representan en su conjunto la llamada «cromatina» del núcleo. Esta cromatina se halla dispuesta en forma de hilos delgadísimos, aparentemente continuos, en el interior del núcleo de cada célula viviente.

Durante la división de la célula, los filamentos de cromatina se fragmentan en cuerpos separados llamados «cromosomas». Dichos cromosomas son los portadores o vehículos de un número muy grande de partículas, que son llamadas «genes», y que están dispuestas en serie lineal.

En el momento de la concepción hay 46 cromosomas, los cuales son indispensables para la gestación de un embrión humano. Por eso, al ser que el embrión es generado por una madre y un padre biológicos, la persona recibe una mitad de su material ADN genético de su madre, y la otra mitad del padre biológico. Esto hace que el ADN de los individuos sea diferente.

Por lo tanto, debido a que el ser humano se origina a partir del material genético aportado por su madre y por su padre, los cuales contribuyeron indefectiblemente con la mitad cada uno, es decir, cada uno aportó 23 cromosomas del total de los 46 necesarios para que se genere un embrión, por tal razón debemos reconocer que la prueba del ADN es el método más preciso conocido para determinar el origen de la persona, o sea, la identidad de sus padres.

DATO INESTIMABLE

Esta prueba puede realizarse sobre células tomadas de cualquier parte del cuerpo, ya que todas contienen similar información.

Esto se debe a que cada célula procede de la división de otra célula. Por eso decimos, que la totalidad de las células que componen a un ser humano derivan de las divisiones sucesivas de una única célula, que es el cigoto, el cual se forma a partir de la unión de un óvulo y de un espermatozoide. Ésta es la razón por la cual la composición del material genético es idéntica en todas las células nucleadas de un ser humano.

Este moderno estudio de la genética humana, surgido en el siglo XX, que permite saber quiénes son los padres de un ser humano a partir del análisis de lo que hay en el interior de una minúscula célula de cualquier sector de su cuerpo, nos ayudará a comprender gráficamente la teoría que habíamos expuesto acerca de la creación. Es decir, que una sola de las letras pronunciadas por el Todopoderoso contiene la información de toda la creación.

EL PARALELO

Seguidamente se procederá a efectuar el traslado del principio del método expuesto, a las letras pronunciadas por El Eterno

Para obtener el dato requerido en una de las letras pronunciadas por Dios para crear el universo, se debe hallar el punto en común que hay entre el estudio de la genética y el estudio de las letras. Pues resulta evidente que existe una gran diferencia entre ambos campos. Básicamente porque el estudio de la genética es algo netamente material y físico, mientras que las letras pronunciadas por Dios para realizar la creación son espirituales.

Lo dicho se basa en el principio obvio de que el material genético es posible contemplarlo a través de un microscopio, y analizar su composición y comportamiento, pero una letra es algo que no se puede atrapar para analizarla.

La prueba de ello es que nadie puede retener una letra siquiera por un instante. Ya que la misma sale de la boca de quien la pronuncia e ingresa en los oídos de quien o quienes la escuchan. Pero por más que se investigue cada célula del cuerpo de quien escuchó esa letra pronunciada, no se la podrá encontrar en su interior, pese a que sabemos a ciencia cierta que está allí. Pues es algo innegable que para que el oyente la haya escuchado, necesariamente la letra entró en él a través de su oído.

Lo mismo acontecerá si analizamos al que pronuncia las letras, pues por más que apreciamos que constantemente pronuncia innumerables letras, sin cesar, no podremos encontrar en su interior ni una sola letra.

Se aprecia de aquí que la letra pronunciada no ocupa un espacio físico, a diferencia de una célula, la cual posee parámetros físicos bien definidos. Resulta, por lo tanto, que existe una gran diferencia entre las células (que contienen el material genético) y las letras.

AVANCE SUSTANCIAL

Como dijimos, la brecha que hay entre una célula y una letra es muy grande, al ser que la célula es material, y la letra espiritual. Pero no debemos olvidar que el Todopoderoso creó a la célula material, y a todas las creaciones materiales, a través de las letras espirituales. Por eso debemos reconocer que necesariamente ambas partes deben tener un punto en común.

Ese punto en común, lo podremos encontrar, si logramos llegar al origen espiritual de esta célula material. Es decir, al alma de la misma.

Por eso, el paso necesario que se debe dar para poder aplicar el ejemplo del estudio de la genética al estudio de las letras es averiguar acerca del origen espiritual de la genética y el origen espiritual de los elementos que por esta ciencia son estudiados. Es decir, el origen primario de todas las creaciones materiales, incluyendo a los seres humanos y a las células que hay en el interior de los mismos.

Al lograr averiguarlo tendremos el camino allanado para proseguir con nuestra investigación sin mayores inconvenientes.

Nos abocaremos por lo tanto, a continuación, a explicar el estudio de la genética desde un punto de vista espiritual. Además, verificaremos que todo lo que existe en estado material, existe en estado espiritual. Para ello nos valdremos de las enseñanzas del Talmud, y demás libros sagrados.

Lo que revela el Talmud

En el Talmud, tratado de Taanit 5 a, explican que existe una ciudad de Jerusalem espiritual exactamente con las mismas características de la ciudad de Jerusalem material. Esto se aprende del versículo (Salmos 122: 3): «Jerusalem, será construida, como otra ciudad similar que es su par y modelo».

Se ve de este versículo que existe otra ciudad de Jerusalem. Por eso uno enseguida deduce: ¿en qué otro lugar se puede encontrar sino en los cielos? (Rashi)

Esta aseveración que surge del análisis del versículo y revela la existencia de una ciudad de Jerusalem espiritual, es corroborada en el tratado talmúdico de Jaguigá 12b. Pues consta allí este tema en forma clara y explícita, en una disertación allí mencionada, que revela la existencia de siete niveles de cielos, y lo que cada uno de ellos contiene, más las funciones que cada uno de ellos cumple.

Ésta es la reseña de la disertación del Talmud:

1) El primero de los niveles de cielos, es el llamado *Vilón*, el cual actúa como filtro de los rayos solares durante el día.
2) Luego se ubica el nivel de cielo llamado *Rakía*, que es donde están dispuestos el Sol, la Luna, los demás planetas y las estrellas.
3) El tercer nivel de cielo recibe el nombre de *Shejakim*, que es donde se procesa el maná (alimento espiritual) para los justos.
4) El cuarto nivel de cielo es llamado *Zebul*, allí se encuentra Jerusalem, el Templo Sagrado, y el altar.
5) Luego se ubica el quinto nivel de cielo llamado *Maón*, que es donde se encuentran las huestes de ángeles que entonan cánticos de alabanza al Todopoderoso por las noches, y de día hacen silencio en honor de Israel, quienes alaban al Todopoderoso en la tierra.
6) El sexto nivel de cielo se llama *Majón*, y hay allí varios depósitos de elementos para castigo (nieve y granizo, nubes malas, túnel de vaho). Estos depósitos son espirituales, dado que son para castigar, sus entradas son de fuego espiritual.
7) El séptimo y último cielo se llama *Arabot*, y en el mismo se encuentran la justicia y la rectitud, los depósitos de vida, los depósitos de paz, los depósitos de bendición, las almas de los justos que ya fallecieron, los espíritus, las almas que en el futuro han de nacer, y el rocío con el que El Eterno revivirá a los muertos.

TODO LO MATERIAL TIENE SU EQUIVALENTE ESPIRITUAL

Hemos apreciado en este fragmento del Talmud, que en el cuarto nivel de cielos, se encuentra la ciudad de Jerusalem espiritual.

Por lo tanto, resulta que hemos visto un claro ejemplo de que lo que hay en el universo, en estado material, existe también en el plano espiritual. Como es una regla inevitable que para que algo exista en el mundo en estado material, debe existir previamente en forma espiritual.

Aunque es necesario saber, que no todo lo que existe en estado espiritual se tornará material. Ya que hay creaciones muy elevadas, que no descienden a un plano material jamás. Y el Creador de todo lo existente, quien ocupa todos los lugares, y está presente en todos lados, no se comprimirá para hacerse material, porque eso significaría una limitación, y no hay para Él limitaciones, ni tampoco es posible que exista un lugar sin Su presencia.

Basándonos entonces en esta regla de que todo lo que existe en estado material, es necesario que previamente haya sido creado y exista en un plano espiritual, diremos que es por esa razón que muchos temas se explican en los libros de cábala desde un punto de vista espiritual, y luego, con el correr de los años, apreciemos que eso que allí se dijo, se descubre en forma material.

Tal es el caso del estudio de la genética, del que hablamos hace unos instantes. Los libros de cábala explican este tema de manera espiritual, y con el correr de los años, se descubrió que también acontece en el plano material.

PRINCIPIO ESPIRITUAL DEL ESTUDIO GENÉTICO

Se explicó en el Talmud, tratado de Sotá 3b: Dijo Rabí Shmúel bar Najmaní, en nombre de Rabí Yonatán: todo el que realiza un precepto en este mundo, el mismo se adelanta y va delante de él al mundo venidero. Esto lo aprendemos del versículo: (Isaías 58: 8): «Irá delante de ti tu rectitud».

Una explicación clara y precisa de este concepto la hallamos en la Mishná. Allí se revela la manera exacta en que ese precepto realizado por el individuo, se adelanta y va delante de él al mundo venidero. Éste es el develamiento: «Quien realiza un precepto adquiere un *peraklit* (un ángel que lo defenderá en las alturas celestiales y hablará bien de él), y quien comete una falta, adquiere un acusador». (Pirkei Avot 4: 11)

Este ángel defensor que la persona adquiere al realizar un precepto, tiene un cuerpo íntegro, sin que le falte un brazo, una pierna, un dedo, o la mano. Ya que al decir un ángel, eso significa uno completo, poseedor de todos los miembros que lo componen, que son en total 248.

El motivo de esta aseveración se debe a que así como el cuerpo de la persona tiene 248 miembros físicos, asimismo el alma de la persona cuando se inviste en ese cuerpo, tiene 248 miembros espirituales. Y cada ángel creado por la persona es espiritual, similar al alma, por eso, tiene las mismas características.

Similitud del alma y el cuerpo

Respecto a la similitud del alma con el cuerpo, diremos que es necesaria porque el alma es lo que verdaderamente identifica a la persona, y contiene su esencia, en tanto que el cuerpo es sólo una vestimenta del alma.

Esto está claramente explicitado en el versículo: «Creó Dios al hombre a Su imagen». (Génesis 1: 27) Si tenemos en cuenta que Dios es espiritual, nos percataremos enseguida de que el hombre que creó a Su imagen era espiritual. Y luego, le colocó la vestimenta que es el cuerpo.

Por eso está escrito: «(Dios) Me vistió con piel y carne». (Job 10: 11) Se aprecia que el cuerpo es sólo una vestimenta del alma, y el alma es la esencia de la persona. (Reshit Jojmá Shaar Hairá 7: 10)

Por esta razón, cuando el alma de la persona es enviada al Jardín del Edén (que es el lugar donde estuvo Adam antes de comer del árbol que Dios le había prohibido), al llegar allí, el alma se manifiesta con los mismos rasgos que tuvo en su cuerpo material. Y no sólo eso, sino que todos los preceptos que esa persona realizó, y se convirtieron en ángeles, los mismos serán una vestimenta para él.

Estos ángeles que son exactamente iguales a la forma del cuerpo de la persona, son espirituales, por eso no ocupan un lugar físico, pudiendo la persona que los creó a través de los preceptos que cumplió, vestirlos a todos a la vez, gozando de un atuendo honorable, bello y radiante en el Jardín del Edén.

Esta similitud del alma de la persona y los ángeles que creó con sus preceptos, al cuerpo terrenal de 248 miembros que tuvo en la tierra, permite que los justos se reconozcan los unos a los otros en el Jardín del Edén. (Zohar sección Terumá 150 a – Reshit Jojmá Shaar Hairá 7: 11)

SIMILITUD DEL ÁNGEL CREADO
CON EL ESTUDIO DE LA GENÉTICA

Se mencionó arriba, que el ángel creado por la persona a través del cumplimiento de un precepto tiene 248 miembros, al igual que el alma del individuo, y su cuerpo físico. El detalle de los 248 miembros que hay en el cuerpo, ha sido estudiado en el tratado de la Mishná titulado Ohalot, en el capítulo 1: 8. Allí cada una de estas estructuras es enumerada y explicada detenidamente.

Sin embargo, nosotros sólo necesitamos el detalle general, por eso no entraremos en esos pormenores, ya que nos distraerían innecesariamente. La intención de mencionar la fuente donde estos datos se encuentran es sólo de carácter informativo, para saber el total de los miembros que hay en el individuo, dato éste que sí es necesario para nuestro análisis. Por lo tanto proseguimos con lo nuestro. Habíamos dicho que al realizar un precepto, la persona adquiere un ángel defensor entero, el cual está compuesto de los 248 miembros que existen en el ser humano.

Ahora que contamos con ese dato, añadiremos un detalle muy importante que encontramos en uno de los libros más populares de cábala, *El Zohar*. Allí consta que: «quien realiza un solo precepto activo como es debido, es como si los realizase a todos, por ser que no existe ningún precepto que no contenga a los 248 preceptos activos». (Zohar Nasó 124a)

O sea, «un solo precepto activo contiene a todos los demás»

Tengamos en cuenta además, que cada uno de los 248 preceptos activos da fuerza y vitalidad a uno de los 248 miembros del cuerpo humano.

Resulta que, un precepto específico da vitalidad a un miembro del cuerpo específico. Pero si aplicamos ahora la teoría recientemente enunciada, de que cada precepto contiene a todos los demás, comprendemos que «cada uno de los miembros contiene también a todos los demás».

Es por eso que quien cumple un precepto, el cual otorga vitalidad a un solo miembro, crea un ángel defensor completo, con sus 248 miembros. (Reshit Jojmá Shaar Hairá 8: 3)

O sea, hemos visto el mismo proceso descubierto en la actualidad, que estudia la genética humana, pero en forma espiritual.

Complemento

Para ampliar un poco más este concepto, trascribiremos a continuación otra prueba que fue hallada en los libros de cábala y que corrobora lo que hemos dicho. Esta fuente que se cita a continuación consta en Reshit Jojma Shaar Hairá (8: 4).

En el libro Midrash Raba (Shemot 40: 3) fue dicho que Adam, el primer hombre, contenía a la totalidad de las almas que en el futuro descenderían al mundo y se investirían en cuerpos. Por eso hay que reconocer, que hay almas que dependen de los cabellos de Adam, otras de la cabeza, de la frente, de los ojos, de la nariz, de la boca, de las orejas, de los pies, y de cada parte de su cuerpo. Sin embargo, pese a que proviene de un lugar específico del cuerpo de Adam, cada alma está completa, compuesta de 248 miembros. (Zohar Pinjás 222b)

Se deduce claramente de lo expuesto que en cualquier parte del cuerpo, existe la información de todo el cuerpo. Y también, que una sola parte del cuerpo puede dar origen a un nuevo cuerpo íntegro. Aunque debemos recordar que se habla aquí exclusivamente de almas, o sea, cuerpos en estado espiritual, que luego cuando descienden al mundo, se invisten en cuerpos físicos.

RELACIÓN CON EL CUERPO ESPIRITUAL

Con esto que hemos visto, tenemos absolutamente resuelto el tema de la existencia de la transmisión genética desde un punto de vista espiritual. Pero hay aquí un detalle adicional que es necesario tener en cuenta para poder avanzar en nuestro análisis y es saber exactamente qué es lo que debemos buscar en este cuerpo espiritual antes mencionado para extraer del mismo datos espirituales que revelen nuestro origen y demás informaciones. Teniendo este dato, lograremos saber también que es lo que hay que buscar en una de las letras pronunciadas por Dios para realizar la creación con el fin de remontarnos a la fuente original de todo lo concebido.

El motivo por el cual debemos proceder de este modo es, porque la genética es un medio que nos sirve para encontrar datos en el ADN de la persona, y así determinar su procedencia física, o sea, sabemos que buscando en el ADN hallaremos los datos de los padres biológicos del individuo, pero si nos referimos a este medio en forma espiritual, ¿dónde debemos buscar, y qué es lo que debemos buscar?

Para hallar la respuesta a esta cuestión se necesita, ante todo, tener en cuenta que cuando Dios creó al hombre, lo hizo en forma espiritual, y luego ese hombre espiritual se invistió dentro de un cuerpo físico. Por lo tanto, si analizamos alguna parte de los miembros de este primer hombre espiritual, hallaremos en el mismo, los datos de Dios, su Creador.

Pero también sabemos que ese primer hombre que vivió hace más de 5.700 años, contenía las almas de todos los que vivimos ahora. Por lo tanto, dado que no podemos analizar el alma del primer hombre, al menos es posible conseguir estos datos, analizando el alma de alguno de nosotros, sus descendientes.

Aunque también es posible alcanzar esta información si analizamos el ADN espiritual de uno de los hijos espirituales generados por nosotros mismos, o sea, el ángel creado por uno cada vez que realiza un precepto.

Al realizar esta investigación, podremos contemplar cuál es el dato hereditario espiritual, que se transmite a cada una de las células de este cuerpo espiritual del ángel creado. Con esto habremos obtenido también los datos suficientes para saber dónde buscar y qué buscar en la letra que analizaremos para extraerle la información que revela nuestro origen espiritual, y demás datos de toda la creación.

Para resolver este tema de manera rápida y sencilla, nos situaremos en el momento de la concepción del ángel que se crea mediante la realización de un precepto.

Este ángel nace, tal como dijimos, cuando la persona realiza un precepto, por lo tanto, es algo obvio que el precepto realizado por la persona contiene el «material genético» que dará origen al ángel, ya que si el individuo no realizase ningún precepto, no podría crear ningún ángel.

Ahora bien, es sabido, que el precepto se realiza a través de miembros físicos (por ejemplo, la mano de la persona que toma una moneda para dársela a un necesitado). Luego, este precepto material, origina un ángel espiritual. Por eso nos preguntamos ¿De qué manera sucede esta transformación?

LA TRANSFORMACIÓN DEL PRECEPTO

Esta transformación acontece de la siguiente manera:

Precepto, en su original en hebreo se dice *mitzvá*,

מצוה

y el nombre de Dios, El Eterno, se escribe así:

ה - ו - ה - י

Si prestamos atención a las dos últimas letras de *mitzvá*, apreciaremos que son exactamente las mismas dos últimas letras del nombre de Dios.

ה - ו - ה - י

מ צ ו ה

La diferencia que nos queda está en las primeras dos letras de cada palabra. Al existir una diferencia entre el nombre de Dios y el precepto, tomamos esas letras que son diferentes y las someteremos a un sistema de intercambio de letras que está explicado en el Talmud.

Este sistema se llama At-Bash, y consiste básicamente en cambiar la primera letra del alfabeto por la última, la segunda por la anteúltima, la tercera por la antepenúltima, y así sucesivamente, como se explicó en capítulos previos en este libro.

TABLA DE AT-BASH

א	=	ת
ב	=	ש
ג	=	ר
ד	=	ק
ה	=	צ
ו	=	פ
ז	=	ע
ח	=	ס
ט	=	נ
י	=	מ
כ	=	ל

Si prestamos atención, apreciaremos en la tabla, que la letra *Mem* se intercambia por la letra *Iod*, y la letra *Tzadik* se intercambia por la letra *He*.

RESUMEN

Mem se intercambia por *Iod* (מ = י)

Tzadik se intercambia por *He* (צ = ה)

Ahora bien, dado que las letras iniciales de la palabra *mitzva* son justamente las mencionadas (*Mem* y *Tzadik*), las reemplazamos tal como lo indica la tabla de At-Bash:

Resultado

Ahora que hemos obtenido las letras reemplazantes las vamos a colocar al lado de las otras dos letras que eran iguales (en el nombre de Dios y la palabra *mitzvá*). Si procedemos como dijimos nos queda:

מ צ ו ה

י ה - ו - ה

O sea, el precepto,

מ צ ו ה

se convierte en el nombre de Dios.

י ה ו ה

(Zohar Pinjás 228b)

Esto quiere decir, que al realizar preceptos, conseguimos que el nombre de Dios ingrese dentro de nosotros y esté presente en cada célula de nuestro cuerpo, y también dentro de cada célula de estos ángeles espirituales que se forman a través de los preceptos que realizamos.

Ahora que llegamos a esta conclusión, decimos que, así como los genes se encuentran en el ADN de todas las células nucleadas que hay en el cuerpo humano e indican nuestra procedencia biológica, del mismo modo decimos que el nombre de Dios, que se encuentra en cada célula del cuerpo humano, contiene la información de nuestra procedencia espiritual.

Por eso, después de haber alcanzado todos estos datos podemos atrevernos a reflexionar y decir, que en la actualidad es posible saber a través del estudio del ADN de la persona quiénes fueron sus padres biológicos, y esto nos lleva a preguntamos ¿es posible aplicar este sistema, o alguno similar para saber que Dios es nuestro Padre Celestial?

La respuesta es que sí es posible, y así como analizando el ADN de la persona, se sabe quiénes son sus padres biológicos, del mismo modo, analizando una de las letras de la Torá, que son las que dieron origen al universo y también al hombre, es posible saber que Dios es nuestro Padre Celestial.

Esto es posible porque «No existe ninguna cosa en el universo, que no contenga en su esencia el nombre de Dios» (Tikunei HaZohar Tikún 13 28b – *Reshit Jojmá Shaar Hairá* 2: 21).

La forma de realizar esta investigación, está descrita en el libro *Malaj Razie'l*, que es el primer libro de cábala que tuvo un ser humano en sus manos, y quien se adjudicó este suceso fue Adam, el primer hombre, que tras arrepentirse por haber pecado, al comer del árbol de la sabiduría, recibió de manos del ángel este maravilloso libro que contiene muchos secretos de la creación, del universo, de las constelaciones estelares, de las almas y del nombre de Dios.

Allí se explica cómo a partir del análisis de una letra, se puede saber que Dios nos creó y es nuestro Padre, (del mismo modo en que ahora sabemos quiénes son nuestros padres biológicos a través del estudio de la genética).

Esta enseñanza del libro *Malaj Razie'l* se explicará en nuestro próximo capítulo.

XV
LOS DATOS DE LA CREACIÓN
EN UNA LETRA

En este capítulo explicaremos lo enseñado en el libro *Malaj Razie'l*. Es decir, discurriremos cómo en una letra de las utilizadas por Dios para crear el universo, se encuentra la información del Creador de todas las cosas, y también los demás datos de la creación.

Siguiendo con el sistema empleado hasta ahora, basado en el enunciado que deriva del versículo «el principio de tus palabras alumbrará», tomaremos la primera letra de la Biblia.

Para realizar el estudio utilizaremos nuevamente el sistema de intercambio de letras llamado At-Bash, al cual aplicaremos, como dijimos, a la primera letra del Pentateuco, y de esta manera será posible extraer de la misma datos relevantes que revelarán la esencia de nuestro origen y también el de toda la creación.

Para realizar esta operación, lo primero que haremos será tomar la primera letra del Pentateuco, que es la letra *Bet*.

Éste es el símbolo de la letra *Bet:*

Ahora buscamos en la tabla de At-Bash cuál es el reemplazo de la letra *Bet*.

TABLA DE AT-BASH

א	=	ת
ב	=	ש
ג	=	ר
ד	=	ק
ה	=	צ
ו	=	פ
ז	=	ע
ח	=	ס
ט	=	נ
י	=	מ
כ	=	ל

Encontramos que el reemplazo de la letra *Bet* en la tabla de At-Bash, es la letra *Shin*.

Éste es el símbolo de la letra *Shin*

ש

Resulta pues que

ב = ש

EL NOMBRE DE DIOS EN AT-BASH:

Dejamos por el momento este dato obtenido al margen y tomamos el nombre de Dios para aplicarle también el sistema de At-Bash. El nombre de Dios es «El Eterno» y se escribe así:

י - ה - ו - ה

Buscamos seguidamente en la tabla de At-Bash expuesta anteriormente las letras por las que se reemplazan éstas que forman el nombre de Dios.

Encontramos que la primera letra del nombre de Dios, que es *Iod* se reemplaza por la letra *Mem*.

$$\text{י} = \text{מ}$$

La segunda letra del nombre de Dios, que es *He* se reemplaza por la letra *Tzadik*.

$$\text{ה} = \text{צ}$$

La tercera letra del nombre de Dios, que es *Vav* se reemplaza por la letra *Pe*.

$$\text{ו} = \text{פ}$$

La cuarta letra del nombre de Dios, que es *He* se reemplaza por la letra *Tzadik*.

$$\text{ה} = \text{צ}$$

RESULTADO

Éste es el resultado total obtenido aplicando el sistema At-Bash a las letras del nombre de Dios.

Es decir:

El nombre de Dios:

$$\text{ה} - \text{ו} - \text{ה} - \text{י}$$

en At-Bash es:

$$\text{צ} - \text{פ} - \text{צ} - \text{מ}$$

CONCLUSIONES

1) La primera letra del Pentateuco, que es la letra *Bet* en At-Bash es *Shin*.

$$ \text{ב} = \text{שׁ} $$

2) El nombre de Dios El Eterno que se escribe con las letras: *Iod, He, Vav, He*

En At-Bash es: *Mem-Tzadik-Pe-Tzadik*.

$$ \text{ה} - \text{ו} - \text{ה} - \text{י} = \text{צ} - \text{פ} - \text{צ} - \text{מ} $$

VALOR NUMÉRICO

Después de haber culminado con éxito este traspaso de la primera letra del Pentateuco y también de las que forman el nombre de Dios, al sistema de intercambio de letras llamado At-Bash, procedemos a buscar los valores numéricos correspondientes a estos resultados obtenidos: Recordemos los resultados obtenidos:

1) La primera letra del Pentateuco: ב = שׁ
2) Nombre de Dios: ה - ו - ה - י = צ - פ - צ - מ

Y ésta es la tabla de valores de las letras hebreas:

א	= 1	ל	= 30
ב	= 2	מ	= 40
ג	= 3	נ	= 50
ד	= 4	ס	= 60
ה	= 5	ע	= 70
ו	= 6	פ	= 80
ז	= 7	צ	= 90
ח	= 8	ק	= 100
ט	= 9	ר	= 200
י	= 10	ש	= 300
כ	= 20	ת	= 400

Comenzamos por buscar en la tabla el valor de *Shin* (que es el reemplazo de la letra *Bet*).

Comprobamos según lo que indica la tabla que *Shin* = 300.

Ahora buscamos en la tabla de valores, el valor de las letras del nombre de Dios *Mem-Tzadik-Pe-Tzadik* (que son el reemplazo de *Iod-He-Vav-He* en At-Bash).

1) El valor numérico de *Mem* es 40 (מ = 40)
2) El valor numérico de *Tzadik* es 90 (צ = 90)
3) El valor numérico de *Pe* es 80 (פ = 80)
4) El valor numérico de *Tzadik* es 90 (צ = 90)

Sumamos ahora todos estos valores obtenidos:

$$40 + 90 + 80 + 90 = 300$$

O sea

$$צ - פ - צ - מ = 300$$

Conclusión

$$ה - ו - ה - י \; = \; צ - פ - צ - מ \; = \; 300 \quad y$$

$$ב \; = \; ש \; = \; 300$$

Por lo tanto, decimos que:

$$ה - ו - ה - י \; = \; ב$$

Con este resultado resulta que el nombre de Dios se encuentra dentro de la primera letra de la Torá, y del mismo modo que mediante el estudio de la genética se puede llegar a saber quién es el padre biológico de una persona, analizando una de las letras utilizadas por Dios para dar origen a toda la creación, se sabe quién es el Creador de todo lo existente.

Síntesis

Hemos visto que en una de las letras de la Torá se encuentra el nombre de Dios, y también que ello se asemeja a la información genética que hay en cada una de las células nucleadas del cuerpo humano, las cuales contienen la información de sus padres biológicos. Además, hemos visto en capítulos anteriores, que todo el desarrollo del estudio de la genética que nos sirve de ejemplo para comprender nuestro tema, ha sido explicado con lujo de detalles en los libros de cábala. Esto demuestra que el Todopoderoso pensó también, cuando creó el plano del universo que es la Torá, en el ejemplo este que podríamos usar en el siglo XXI para comprender que el nombre de Dios se encuentra investido en el interior de las letras que fueron utilizadas por Él para dar origen a todo lo existente.

También la fecha estaba estipulada desde el principio:

Esto que hemos visto hasta aquí, acerca de todo el proceso de la genética que nos sirve para comprender más profundamente el origen de la creación, es un dato realmente interesante. Sólo que no hemos visto aún que el Todopoderoso haya pensado también en la fecha exacta en que se descubriría el estudio de la genética en el mundo, para que pueda ser utilizado por los humanos con el fin de comprender la esencia espiritual de todo lo creado.

Para poder dilucidar este tema, será indispensable contar con dos datos. Uno es saber con exactitud la fecha en que se descubrió lo relativo al estudio de la genética en el mundo.

El otro dato que necesitamos es saber si en alguno de los libros que componen la Torá –ya sea en los libros de la Torá oral o la Torá escrita– consta la fecha en que este descubrimiento científico acontecería.

El análisis que conducirá a hallar esta interesante revelación se abordará en el capítulo siguiente. En el mismo analizaremos las fechas y el modo en que se desarrolló en el mundo el estudio de la genética, y también nos dedicaremos a encontrar esa fecha explícita en los libros de la Torá.

XVI
EL INICIO DEL ESTUDIO
DE LA GENÉTICA

Las enciclopedias y libros científicos más modernos describen con lujo de detalles los datos correspondientes a la evolución del estudio de la genética. A continuación presentamos una síntesis de esos informes.

En 1839, Schleiden y Schwann iniciaron el desarrollo de la teoría celular al enunciar que todas las células son morfológicamente iguales y que todos los seres vivos están constituidos por células.

En 1856 Gregor Mendel comenzó sus experimentos de hibridación vegetal. Durante ocho años se dedicó a este estudio, y en sus días de práctica logró observar que los caracteres se heredaban como unidades separadas, y cada una de ellas lo hace de forma independiente con respecto a las otras. Señaló además que cada progenitor tiene pares de unidades, pero que sólo aporta una unidad de cada pareja a su descendiente. Más tarde, las unidades descritas por Mendel recibieron el nombre de genes.

En 1858, Wirchow amplió la teoría celular al postular que sólo pueden aparecer nuevas células a partir de otras ya existentes.

En 1861, Brucke completó la teoría celular al definir a la célula como un organismo elemental, es decir, como el ser vivo más pequeño y sencillo portador de todos los elementos necesarios para permanecer con vida.

En 1866, Mendel anunció públicamente las leyes que fundamentan la ciencia genética. Por esta razón, Mendel es conocido hasta el día de hoy como el padre de la genética.

Cabe destacar que en el momento de presentar Mendel sus pruebas, éstas no se tuvieron en cuenta, y sus obras permanecieron enterradas en el olvido hasta después de su muerte. Las mismas fueron conocidas por los biólogos hacia en el año 1900 y, a partir de ese momento, el estudio de la genética crecería a pasos agigantados para ya no detenerse.

Síntesis

Existen fechas muy bien definidas que indican exactamente cuándo comenzó a saberse en el mundo científico acerca de la forma y composición de las células, y demás elementos que marcaron el primer paso en el origen del estudio de la genética.

Por lo tanto, nuestra tarea inmediata será buscar esos datos en algún lugar de la Torá y, en caso de encontrarlos, compararlos con estos que ya tenemos para saber si realmente coinciden.

Lo que revela la Torá

En *El Zohar*, que es el más famoso de los libros de cábala, la rama esotérica de la Torá, es posible hallar algunos datos que son de vital importancia para el mundo, y que además nos conllevarán a la obtención de las fechas que buscamos.

Por lo tanto, debemos decir que es indispensable para obtener nuestro informe saber exactamente qué es lo que está escrito en el citado libro llamado *Zohar*. Y a ello nos dedicaremos ya mismo.

En el mismo, en la sección Vaierá 117 a, se menciona, que el pueblo judío después de la destrucción del Segundo Templo Sagrado permanecerá en el exilio durante un día. Pero como sabido es que un día de Dios equivale a 1.000 años nuestros, por eso resulta que el exilio despúes de la destrucción del Segundo Templo Sagrado debía prolongarse por espacio de un milenio.

Lo concerniente a que un día de Dios equivale a 1.000 años nuestros, está indicado en el versículo: «porque mil años son ante Tus ojos como el día de ayer que ya pasó» (Salmos 90: 4).

Ahora bien, este milenio mencionado lógicamente debe estar completo, y como el Segundo Templo Sagrado fue destruido en el año 172 desde el inicio del cuarto milenio, debemos decir que ese milenio no transcurrió completo mientras el pueblo estaba en el exilio, por eso, ese tiempo de 1.000 años de exilio debe considerarse cumplido en el quinto milenio, el cual transcurrió íntegramente en tiempos de exilio.

Por lo tanto, a partir de entonces, (después de la finalización del quinto milenio) comienza el tiempo propicio para la llegada del Mashiaj. Aunque para que su venida se cristalice, aún resta un último detalle por cumplir el mismo consiste en que obtengamos a través de nuestras buenas acciones los méritos suficientes que nos permitan gozar de su llegada.

Detalles del quinto milenio

Este quinto milenio del que hablamos es el comprendido entre los años 4000 hasta 5000 (recordemos que ahora estamos en 5764). Por lo tanto, debemos reconocer que hace ya 764 años que ha comenzado el tiempo propicio para que el redentor venga, reconstruya Jerusalem, el Templo Sagrado y reúna en Israel al pueblo judío que se halla esparcido por todos los confines de la tierra.

Aunque debemos decir, que si hasta la finalización del sexto milenio, el redentor no ha llegado, en ese caso, Dios ya no aguardará más que logremos su venida mediante nuestros propios méritos, y lo enviará directamente, para redimirnos del exilio en el que nos hallamos inmersos independientemente de nuestra actitud asumida.

QUÉ SUCEDE MIENTRAS TANTO

Paralelamente a la espera de las buenas acciones que debemos realizar para que la llegada del Mashiaj se produzca antes de la fecha límite (final del sexto milenio), acontece en las letras que forman el nombre de Dios un efecto muy particular, y el mismo revela fechas cronológicas exactas acerca de sucesos que ocurrirían a lo largo de la historia.

ALGUNOS CONCEPTOS NECESARIOS

Para poder comprender este proceso señalado, mencionaremos algunos conceptos básicos que necesitaremos saber:

Como ya dijimos en capítulos anteriores, el nombre de Dios que es El Eterno, se escribe así: ה - ו - ה - י

De estas letras, dos son masculinas y dos son femeninas. Las letras *Iod* y *Vav* son masculinas, y las dos letras *He* son femeninas.

י	= letra masculina
ה	= letra femenina
ו	= letra masculina
ה	= letra femenina

La diferencia existente en si una letra es de género masculino o femenino, y qué es lo que este hecho provoca, lo podremos apreciar gráficamente si acudimos nuevamente al estudio de la genética.

En capítulos anteriores hemos anunciado la revelación que los estudios científicos han descubierto, es decir, que para que se forme la primera célula, llamada cigoto, que dará origen a un nuevo ser humano, es necesario que el padre biológico aporte la mitad del material genético, o sea, 23 cromosomas, y la otra mitad lo aporte la madre.

De esta manera se obtienen los 46 cromosomas necesarios para la formación del cigoto que se acabará convirtiendo en un embrión humano.

Esta aportación la hace el hombre en el cuerpo de la mujer, no puede ser a la inversa.

Por lo tanto debemos reconocer que la influencia es del hombre a la mujer, y no a la inversa.

Esto mismo acontece con las letras del nombre de Dios, las letras femeninas reciben la influencia de las masculinas, hasta que se genere el nacimiento del «bebé».

DOS PAREJAS

Este último concepto que hemos expuesto, podrá ser comprendido si separamos a las dos parejas bien marcadas que se encuentran en el nombre de Dios.

Dijimos que:

    י   = letra masculina
    ה   = letra femenina
    ו   = letra masculina
    ה   = letra femenina

Pues, entonces separamos a las dos parejas anunciadas, y podremos analizarlas debidamente.

La primera pareja de letras

Respecto a la primera pareja de letras que forman el primer nombre de Dios parcial o incompleto, diremos que representan al padre y a la madre.

Nombre **1**	י	= letra masculina
	ה	= letra femenina
Nombre **2**	ו	= letra masculina
	ה	= letra femenina

Asimismo diremos, que las letras que forman esta pareja de letras mencionada, fueron las utilizadas por Dios para realizar toda la creación. Decimos esto porque sabido es, tal como lo manifiesta el Talmud, que la letra *He* es la que fue utilizada por el Todopoderoso para crear el mundo actual, y la letra *Iod*, la utilizó Él para crear el mundo venidero. Por eso, al ser que esta pareja de letras es la base del mundo actual y del venidero, esas letras se mantienen inalterables.

Esto lo podemos comprobar en los distintos versículos, tanto del Pentateuco, como los demás libros que componen el Tanaj (Antiguo Testamento). Pues existen algunos casos en los cuales por diversas razones, el nombre de Dios ha sido reducido, pero pese a ello, jamás le han sido sustraídas las letras anunciadas.

Veamos algunos casos:

1) **En el Pentateuco:** «Porque la mano de Dios está sobre Su trono». (Shemot 17: 16)

   Este versículo en fonética sería así:
   Vayomer ki iad al kes Y-a.

El texto original de este versículo en hebreo se escribe así:

ויאמר כי יד על כס י-ה

Apreciamos nítidamente que en este versículo el nombre de Dios está escrito sólo con las dos primeras letras que lo forman.

O sea, está escrito: י-ה en vez de י - ה - ו - ה tal como es usual en todos los demás versículos del Pentateuco.

2) **En el libro de los Salmos:** «El Eterno Dios de los ejércitos, quién es como Tú que existes para siempre Y'a, y por Tu fidelidad (atestiguan) todos los que se encuentran en Tu derredor». (Salmos 89: 9)

Este versículo en fonética sería así:
«*El Eterno E'lohei tzeva'ot, mi jamoja, jasin Y'a, veemunatja sebiboteja*».

El texto original de este versículo en hebreo se escribe así:

י-ה-ו-ה א-להי צבאות מי כמוך חסין י-ה ואמונתך סביבותיך

Apreciamos nítidamente que el nombre de Dios mencionado en la parte central de este versículo está escrito sólo con las dos primeras letras que lo forman.

O sea, está escrito: י-ה en vez de י - ה - ו - ה

Conclusión

En todos estos casos vemos que en vez de estar escrito como es usual י - ה - ו - ה está escrito י-ה, que es sólo la primera parte del nombre de Dios. O sea que, en estos versículos citados, el nombre de Dios está incompleto.

La segunda pareja de letras

Nos dirigimos ahora a la segunda pareja de letras, de las dos parejas citadas anteriormente, y que se forman con las letras del nombre de Dios. Apreciamos que esta segunda pareja está formada por las letras *Vav* y *He*, y también advertimos que estas dos letras constituyen exactamente la parte del nombre de Dios que falta completar en los versículos que mencionamos antes donde el nombre de Dios está incompleto.

Estas letras mencionadas (*Vav* y *He*) representan al hijo y la hija de esta pareja de letras citada (*Iod* y *He*) que dio origen al mundo actual y al venidero.

Ahora que hemos llegado a este punto diremos que, así como acontece con todos los hijos, los cuales deben crecer hasta madurar y hacerse adultos, lo mismo acontece con las letras del nombre de Dios que representan a los hijos: deben sufrir un proceso de desarrollo. Y así como durante esa etapa de crecimiento, el varón influencia sobre la mujer, de la misma forma como acontece en los adultos, lo mismo acontecerá con las letras del nombre de Dios que representan a los hijos: el varón influenciará sobre la mujer.

Veamos cómo es esto

Éste es el nombre de Dios que aún falta completar

ה - ו

Acerca de la letra *He* del nombre de Dios citado, diremos que tiene relación directa con el quinto milenio. Decimos esto porque el valor numérico de la letra *He* es 5, lo cual es un indicio del quinto milenio.

$$\text{ה} - \text{ו} - \text{ה} - \text{י}$$

$$\uparrow$$

$$\text{ה} = 5$$

Ahora que sabemos este dato, y teniendo en cuenta que al acabar el quinto milenio, comenzó el tiempo propicio para la llegada del Mashiaj, (tal como se anuncia en el libro de cábala *El Zohar*), por tal razón debemos decir que mientras eso acontezca en la práctica, debe ocurrir un proceso de maduración interno en las letras del nombre de Dios que aún restan completarse, del mismo modo que acontece con los hijos que maduran y se desarrollan.

Ese proceso acontece del siguiente modo, la letra *Vav* (masculina) que está al lado de la *He* (femenina), influye sobre esta última, concluyendo los preparativos para la redención final.

$$\longleftarrow$$

$$\text{ה} - \text{ו} - \text{ה} - \text{י}$$

Esta influencia está aludida en el nombre de la letra *Vav*, que en forma completa se escribe así: ו י ו

Apreciamos que hay una parte revelada, que es la que se pronuncia, y una parte oculta, que es la parte del nombre de la letra que no se pronuncia.

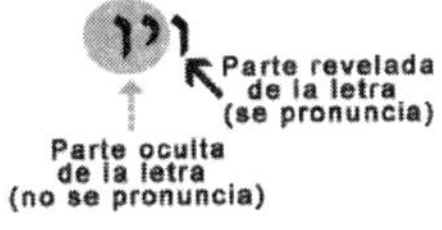

Esta parte oculta que hay en el nombre de la letra *Vav*, realiza su trabajo. Es decir, los valores de esas letras que forman el nombre de la *Vav* pero están ocultos, se multiplican entre sí.

Por eso, dado que el valor de *Vav*[2] es 6, y el valor de *Iod*[3] es 10, se produce esta multiplicación:

$$ו \qquad י$$
$$\uparrow \qquad \uparrow$$
$$6 \times 10 = 60$$

O sea, que cada 60 años la letra *Vav* del nombre de Dios madura y se completa. Por eso, en esa fecha, la letra *Vav* influencia a la letra *He* del nombre de Dios, (que representa el quinto milenio) otorgándole mayor fuerza.

Es decir, en el año 5060, la letra *He* del nombre de Dios se fortifica tal como se alude en la multiplicación interior de la letra *Vav* que se completó.

Cuántas veces esta completitud debe acontecer

Este proceso deberá ocurrir diez veces. Pues se debe manifestar a través de las diez emanaciones creadas por Dios antes de crear el universo. Estas emanaciones se llaman «*sefirot*», o esferas espirituales, y cada una representa un atributo diferente.

Por qué es necesario que haya diez esferas espirituales con diez atributos diferentes, es algo que podemos comprender muy fácilmente citando un ejemplo práctico.

Un padre ama a su hijo, por eso es bueno con él y trata de complacerlo en todo. Sin embargo, si este padre utiliza sólo el atributo de la bondad, y da a su hijo todo lo que le pide, sin ponerle

---

2. Se alude a los seis flancos: norte, sur, este, oeste, arriba y abajo.
3. Se alude a la emanación cósmica –sefirá– denominada Jojmá, que tiene diez emanaciones cósmicas interiores.

límites, sólo conseguirá malcriarlo y arruinarle la vida. Pues ese hijo suyo hará lo que le place, independientemente de que ello sea bueno o malo para su propia vida y para la de los demás.

Se ve de aquí que no es suficiente para un padre ser bondadoso, sino que deberá también ser severo en muchas ocasiones. Por ejemplo, si su hijo le pide dinero, el padre debe preguntarle y averiguar para qué lo desea, y si ve que es para algún fin bueno, entonces se lo dará. Pero si el chico quiere el dinero para adquirir algo perjudicial para su salud, ya sea física o espiritual, le deberá decir que no, utilizando el atributo de la severidad.

En otras ocasiones, este padre deberá lograr una armonía entre ambos atributos (bondad + severidad), para tomar decisiones que no están muy claras. En ciertas circunstancias, este padre deberá utilizar el atributo de la contemplación o misericordia (por ejemplo, cuando aprecia que su hijo lo intentó con todas sus fuerzas, pero no logró alcanzar el objetivo).

Vemos que no es suficiente con un solo atributo, sino que hace falta disponer de varios para lograr un equilibrio adecuado. Ésta es la razón por la cual, Dios creó al universo con diez atributos, que son las diez esferas antes mencionadas, a través de las cuales deberá pasar la multiplicación interna de las letras interiores de la letra *Vav* para lograr la completitud.

Así es que, durante diez veces cada sesenta años, la letra *He* del nombre de Dios recibirá fortificación para completarse la multiplicación aludida en la letra *Vav.*

Éstos son los años en los cuales la letra *He* del nombre de Dios recibirá esa fortificación:

5060 (5000 + 60)	5360 (5300 + 60)
5120 (5060 + 60)	5420 (5360 + 60)
5180 (5120 + 60)	5480 (5420 + 60)
5240 (5180 + 60)	5540 (5480 + 60)
5300 (5240 + 60)	5600 (5540 + 60)

En el año 5600 acontece el décimo ciclo de esta fortificación de la letra *Vav* respecto a la letra *He*. Por eso, al haberse completado el ciclo, en el sexto centenio del sexto milenio, las fuentes de la sabiduría del cielo se abrirán, y también los manantiales de sabiduría de la tierra. (Zohar Vaieira 117)

El sexto centenio del sexto milenio (año 5600) culminó hace 174 años (ya que ahora estamos en 5764). Y aunque el citado libro de cábala se refiere a la apertura del estudio de la cábala, cosa que aconteció en un cien por cien a partir de ese momento, de todos modos, vemos que también en el aspecto material, esta fecha se cumplió, ya que fue en ese siglo cuando se produjo la revolución industrial. Y también el avance en el campo del estudio de la genética humana, si tenemos en cuenta que en 1839, Schleiden y Schwann iniciaron el desarrollo de la teoría celular al enunciar que todas las células son morfológicamente iguales y que todos los seres vivos están constituidos por células. Estamos hablando exactamente del final del sexto centenio del quinto milenio. Y todo lo que vino después, como los descubrimientos de Mendel, y posteriores, acontecieron después de que las fuentes de la sabiduría del cielo y los manantiales de la tierra se abrieran.

Vemos cómo hasta la fecha exacta de todo lo que ocurriría estaba prevista por el Todopoderoso desde el momento en que confeccionó el plano del universo que es la Torá. Pues todos estos datos que hemos extraído, han sido deducidos del nombre de Dios, el cual consta en la Torá, y con las letras que lo componen fue creado el universo.

Además, dado que el nombre de Dios se encuentra implícito en la primera letra del Pentateuco, debemos reconocer que esta fecha que surge tras el cálculo de las letras del nombre de El Eterno, también se halla implícita en el primer carácter del Pentateuco.

XVII
BONDAD Y SEVERIDAD

En el capítulo anterior aludimos a la necesidad de combinar la bondad con la rigurosidad para lograr el equilibrio. Además, dimos un ejemplo práctico de un padre con su hijo, donde a veces tiene que ser bondadoso con él, y a veces severo. Por eso dijimos que cuando este padre se comporta con el atributo de la bondad con su hijo, interiormente, debe agregar a esa bondad una cuota de severidad para que esa bondad tenga un efecto positivo.

El motivo por el cual es imprescindible añadir una pequeña cuota de severidad a la bondad, es posible apreciarlo también de nuestro ejemplo citado. Pensemos, por ejemplo, qué es lo que sucedería si este padre entrega a su hijo 20 euros, y no sabe lo que el joven hará con ese dinero. En ese caso, en vez de una bondad, esta acción de este padre puede resultar una maldad. Decimos esto porque con 20 euros se pueden adquirir golosinas, chocolates, libros didácticos, y muchas cosas buenas más. Pero también se pueden adquirir con ese dinero cigarrillos de marihuana, entradas para visitar lugares groseros, y muchas otras cosas más que son perjudiciales para la vida de su hijo.

Ante el panorama expuesto, no quedan ya dudas acerca de la manera en que debe proceder un buen padre que quiere educar correctamente a su hijo. Un buen padre llama a su hijo y le informa de que merced a su buena conducta demostrada en el transcurso de este mes, ha decidido otorgarle un premio consistente en la suma de 20 euros en efectivo. Pero le comunica también que dado que lo ama mucho, y desea sólo su bien, necesita que le asegure que con ese dinero sólo comprará cosas buenas y útiles.

Tras escuchar una respuesta adecuada, el padre entrega los 20 euros a su hijo y se siente bien por haberle hecho una bondad, al darle dinero para que pueda comprarse lo que desea, pero siempre y cuando sea bueno y útil para él.

Este padre, que agregó una pequeña dosis de severidad a la gran bondad que quería hacer con su hijo, ha logrado alcanzar la expresión de bondad más propicia posible. Y si este padre actúa permanentemente de este modo, logrará educar a su hijo de una manera adecuada y satisfactoria.

Resulta pues, de lo que hemos visto, un enunciado muy importante: «La bondad no está completa si no se le añade un poco de severidad».

También a la inversa

Esto que hemos explicado respecto a un padre que desea ser bondadoso con su hijo, debiendo para ello añadir a esa bondad una cuota de severidad, también se da a la inversa.

Decimos esto porque un padre que necesita castigar a su hijo por haberse comportado mal, deberá ser severo con él. Pues si no lo hace, su hijo tomará la reprenda como algo soportable y llevadero. Y esto acarreará una consecuencia sabida: que el castigo propinado por su padre no representará un estímulo suficientemente potente como para incitar a su hijo a componer su conducta. Por lo tanto es necesario asumir que, para tener éxito en el momento de reprender al hijo, este padre debe actuar con severidad y autoridad.

Por ejemplo, si su hijo de ocho años golpeó al hermano menor de seis, en este caso, el padre debe aplicar una sanción a su hijo de ocho años para que no lo haga más.

Pero eso no es todo lo que debe hacer este padre para alcanzar el éxito en su reprimenda; aún hay un importante detalle adicional que debe tener en cuenta si es que pretende augurar que la reprimenda a su hijo será fructífera y satisfactoria. En el momento en que aplica la sanción a su hijo mostrando severidad no lo debe hacer con rencor, nerviosismo ni odio. El padre debe castigar a su hijo estando tranquilo por dentro, siendo consciente de que ama mucho a su hijo, sólo que es necesario castigarlo para que enderece su conducta de aquí en adelante.

Por tal razón, el panorama de este castigo será un padre que muestra severidad y que hace uso de la fuerza, pero por dentro siente piedad y amor por su hijo. Ese tipo de castigo es el que realmente surtirá efecto y servirá para que el niño componga su andar.

Sin embargo, este resultado satisfactorio no sucederá si el padre, lleno de furia, golpea despiadadamente a su hijo y le propina amenazas de todo tipo. El resultado de este tipo de castigo será que momentáneamente el chico hará lo que el padre le ordenó, pero en cuanto crezca y llegue a una edad de madurez, es muy probable que se vaya de la casa y haga lo que le plazca con su vida.

Resulta de lo que hemos visto aquí, un enunciado muy importante: «La severidad no está completa si no se le añade un poco de bondad».

Conclusiones

«La bondad no está completa si no se le añade un poco de severidad, y la severidad no está completa si no se le añade un poco de bondad». (Reshit Jojmá Shaar Hayrá 2: 21)

La tremenda sabiduría y veracidad que hay en este enunciado es algo que pudimos comprobar analizando un caso común y mundano, donde describimos pasajes de la relación entre un padre y su hijo, y vimos que esa combinación es la base para alcanzar el equilibrio y el éxito. Por lo tanto, ya que es ésta la manera de conducción más apropiada de los seres humanos, que son los seres más dotados y desarrollados que viven sobre la tierra, todo indicaría que la base del mundo debería estar también constituida por la combinación de estos dos atributos, la bondad y la severidad, como lo adelantamos en capítulos anteriores.

La base del universo

Para certificar nuestra hipótesis, analizaremos las bases del mundo. Para ello, nos situamos en el primer versículo del Pentateuco, el cual declara (Génesis 1: 1): «En principio creó E"lohim a los Cielos y a la Tierra».

El versículo se refiere a Dios mediante el nombre E"lohim, que representa justicia y severidad, a diferencia del nombre El Eterno que representa bondad.

Al apreciar este detalle uno inmediatamente se pregunta: ¿por qué razón en el principio de la creación está ausente el nombre El Eterno que representa a la bondad, cuando la realidad indica que la bondad no está completa si no se le añade un poco de severidad y la severidad no está completa si no se le añade un poco de bondad?

Esta pregunta la responde el gran erudito Rashi (Rabí Shelomo Itzjaki). El mentado sabio explica que Dios vio que si el mundo era creado mediante la bondad solamente no se podría mantener, y tampoco se podría mantener si era creado mediante el atributo de la severidad solamente. Por eso, El Eterno antepuso el atributo de la bondad, y lo asoció al atributo de la severidad. (Rashi Bereshit 1: 1).

Rashi continúa diciendo en su explicación que esto que hemos explicado se confirma por un versículo que encontramos en el segundo capítulo del Génesis (Génesis 2: 4): «Estas son las descendencias de los cielos y la tierra cuando fueron hechos, en el día en que hizo El Eterno E"lohim la Tierra y los Cielos».

Este segundo versículo, revela que los cielos y la tierra fueron hechos mediante el nombre de Dios El Eterno que representa bondad, y también por el nombre E"lohim que denota severidad y justicia.

Es decir, «la bondad y la severidad asociadas constituyen la base del mundo», tal como lo habíamos pensado.

Pero existe aún un interrogante que se nos presenta: ¿por qué El Eterno no colocó directamente en el primer versículo a ambos nombres para que quede claro desde un principio cuál es el fundamento de la creación?

La respuesta a esta cuestión siguiendo la lógica es que El Eterno deseaba mostrar en el inicio del Pentateuco severidad, pero en el fondo de esa severidad hay también mezclada bondad. O sea, El Eterno utiliza exactamente el mismo modo de actuar que un padre cuando debe advertir o reprender a su hijo mostrándole severidad, mientras en su interior siente una gran bondad y amor por él.

Ahora que llegamos a esta conclusión, obviamente uno se pregunta: ¿cuál es la causa por la que El Eterno actuó de ese modo? ¿Qué es lo que Dios deseaba reprender o advertir en el inicio mismo del Pentateuco?

Esta respuesta la encontramos también en la explicación de Rashi. El citado erudito revela en el principio de su comentario al Génesis (Génesis 1: 1): «En verdad era propicio que el Pentateuco comenzara con el primer precepto que fue ordenado a Israel (dado que lo más importante del Pentateuco son los preceptos que hay en él). Si es así, ¿por qué comenzó (Dios) el Pentateuco con el relato de lo que sucedió en el principio de la creación?

Y el mismo Rashi responde: «Es para revelar a Su pueblo la fuerza de Sus actos, para darle en heredad las tierras de las naciones. Ya que si los pueblos dijeran a Israel: "Vosotros sois ladrones, pues conquistasteis las tierras de siete naciones". En ese caso ellos (Israel) les podrán responder: "Toda la tierra es del Todopoderoso, Él la creó y la entregó a quien fue recto ante Sus ojos. Por Su voluntad la dio a ellos, y por Su voluntad la tomó de ellos y nos la entregó a nosotros"».

Resulta pues, que al ser la intención de El Eterno mostrar severidad en el inicio del Génesis, por eso coloca el nombre E"lohim que denota severidad y justicia. Pero unos versículos más adelante, nos revela qué es lo que en realidad hay dentro de esa muestra de severidad, para que sepamos cuál es la verdad, cuál es el objetivo de estas palabras y cómo fue realmente constituida la creación del universo.

EN RESUMEN

Estos interesantes datos que hemos aprendido acerca de la creación, además de habernos otorgado mayores conocimientos, pueden ayudarnos a llevar una vida de mucha más calidad. Decimos esto porque podemos beneficiarnos mucho aplicando a nuestras vidas la regla esencial que conforma la base del mundo: «La bondad no está completa si no se le añade un poco de severidad y la severidad no está completa si no se le añade un poco de bondad».

Y pese a que antes dijimos que es posible aprender este concepto de la vida real, debemos reconocer que si no hubiésemos tenido la explicación de Rashi, difícilmente nos hubiésemos percatado de la existencia de este concepto. O sea, debemos reconocer que es cierto que encontramos el ejemplo en la vida real, pero lo que nos inspiró a encontrarlo fue la explicación de Rashi.

REFLEXIÓN SOBRE LO MENCIONADO

De todo lo visto hasta aquí hemos apreciado que la explicación de Rashi al Pentateuco es muy importante, y sin ella es prácticamente imposible comprender el significado profundo de las enseñanzas de los versículos.

Si es así, uno reflexiona y piensa que al menos algo se innovó en el mundo, una persona nacida en el último milenio que interpretó los versículos del Pentateuco de manera magistral.

Pero al mismo tiempo nos surge una duda al acordarnos de las palabras utilizadas por Rashi para comentar el primer versículo del Pentateuco: «Dios vio que si el mundo era creado mediante la bondad solamente no se podría mantener, y tampoco se podría mantener si era creado mediante el atributo de la severidad solamente. Por eso, El Eterno antepuso el atributo de la bondad, y lo asoció al atributo de la severidad».

La duda a la que nos referimos y que nos surge es: ¿qué significa: «Dios vio que si el mundo...»? Este verbo «vio», da a entender que antes de crearlo vio todo lo que acontecería en el futuro, o sea, lo que acontecería en el mundo después de que hubiera sido creado, incluso con la gente que lo habitaría. Pues si no decimos esto, ¿qué es lo que vio Dios, y a quien vio Dios en el mundo antes de la creación del mundo?

Por lo tanto, la única respuesta que encontramos es que Dios vio a la gente que habitaría el mundo en el futuro y son ellos los que no podrían conducirse con bondad absoluta o justicia absoluta.

Si es así, debemos decir que Dios elaboró la base del mundo teniendo en cuenta lo que sucedería en el futuro.

Y ahora que sabemos esto nos preguntamos: ¿acaso pensó Dios también en las explicaciones de Rashi que tendrían lugar en el último milenio?

De encontrar esta respuesta nos ocuparemos en los próximos capítulos, en los cuales hablaremos además, de la historia de Rashi y narraremos cómo llegó a convertirse en el comentarista del Pentateuco más popular y reconocido de toda la historia.

XVIII
LA HISTORIA DE RASHI

La historia de Rashi, el comentarista del Pentateuco y el Talmud más famoso de la historia es muy interesante y peculiar, por eso en este capítulo nos ocuparemos de narrarla.

Ante todo, debemos mencionar que el primer elemento que influyó notoriamente para que Rashi dispusiera de un potencial especial, que le permitiría a la postre convertirse en uno de los exegetas más reconocidos de la historia, lo proporcionó su padre.

Por eso, para realmente saber quién fue Rashi, debemos narrar primeramente quién fue su progenitor, y a partir de allí, los demás acontecimientos que fueron desencadenándose en la vida de Rashi hasta que se convirtió en el más célebre comentarista del Pentateuco, los demás libros del Tanaj (Biblia) y el Talmud que todos conocemos.

El progenitor de Rashi

El padre de Rashi se llamaba Rabí Itzjak, y era un hombre temeroso de Dios. Rabí Itzjak provenía de la simiente del destacado sabio talmúdico Rabí Yojanán, el zapatero, quien a su vez era descendiente del célebre Rey David.

Rabí Itzjak era muy pobre y le costaba tremendamente conseguir el pan de cada día, por eso, él y su esposa vivían de manera muy ajustada. Aunque hay algo digno de destacar:

jamás se quejó de su pobreza; su mujer se arreglaba con lo poco que tenían y no protestaba por el destino que les había tocado ni reclamaba a su marido nada.

Sin embargo, había algo que irrumpía la felicidad de este humilde matrimonio: no tenían hijos. Ese infortunio perturbaba el corazón de ambos.

A causa de la ausencia de hijos, ambos, día tras día, elevaban sentidas plegarias ante El Eterno. En las mismas, era usual en ellos derramar mares de lágrimas. Por eso, aunque ya habían pasado varios años desde que se habían casado y los hijos no llegaban, pese a ello, aún mantenían vivas las esperanzas y aguardaban confiados una respuesta Divina.

Mientras el matrimonio esperaba que El Eterno se apiadara de ellos, la vida de ambos continuaba y la afrontaban con valor y felicidad. La angustia causada por la ausencia de hijos la llevaban sólo en el corazón.

Por eso, Rabí Itzjak cada día se esforzaba impetuosamente en conseguir algún trabajo que le permitiera llevar el sustento a su hogar y el resto del día se abocaba al estudio.

Uno de esos días, tras varias jornadas en las cuales Rabí Itzjak no consiguió llevar dinero a casa, y el hambre comenzaba a hacerse sentir, decidió ir a la costa marítima para ver si llegaba alguna embarcación cargada de mercadería, y le daban la posibilidad de conseguir una changa.

Pero cuando llegó a la costa vio que todo estaba desolado, y ninguna embarcación se divisaba en las proximidades.

Al contemplar que no había ninguna posibilidad en ese lugar, comenzó a caminar emprendiendo el retorno a su casa.

Mientras caminaba de regreso a la ciudad, Rabí Itzjak detectó que a lo lejos había algo que brillaba y se encontraba semienterrado en la arena costera.

En principio pensó que se trataba de un resto de algún objeto roto y arrojado por los tripulantes de una de las embarcaciones que habían anclado en el puerto. Pero igualmente decidió acercarse para ver de cerca el hallazgo.

Rabí Itzjak se aproximó al lugar, se agachó, cavó un poco para extraer el hallazgo y lo alzó. Comenzó a observarlo desde distintos ángulos y tras un breve análisis, comprendió que se trataba de una piedra preciosa.

Enseguida Rabí Itzjak comenzó a llorar, y a agradecer a Dios. Luego fue a su casa y le mostró lo que había encontrado a su mujer.

La señora, cuando vio lo que trajo su marido, y tras escuchar el relato, también irrumpió en llanto y agradeció a Dios.

El destino de la piedra preciosa

Finalmente el matrimonio comprobó que la piedra que poseían era muy valiosa, y podrían venderla a un precio muy alto. Por eso comenzaron a averiguar por posibles compradores, inclusive fuera del pueblo donde vivían.

Pero antes de que concretaran la venta, se produjo un hecho singular. El emperador de Francia sabía que la fecha de su aniversario se aproximaba, y pensaba sobre la firme decisión que había tomado: acabar para entonces la estatua que había construido para que estuviera en su palacio y rendirle culto. Pero le preocupaba que aún le faltaba el ojo izquierdo, y para ello necesitaba una piedra preciosa especial que no conseguía.

En ese momento uno de sus siervos le informó de que en Troyes, había un judío que tenía una piedra preciosa que podía servir para colocarla en el agujero que se había preparado para insertar el ojo de la estatua del emperador. Al escucharlo el mandatario envió enseguida representantes para ofertar mucho dinero al judío a cambio de la gema.

Los hombres abordan rápidamente una embarcación y llegan a la casa de Rabí Itzjak con la tentadora oferta. Rabí Itzjak al enterarse les preguntó para qué deseaban la piedra, y ellos se lo contaron.

Rabí Itzjak pensó que de ninguna manera iba a participar en una estatua a la que rendirían culto idólatra. Por eso, decidió negarse. Pero los hombres le insistieron mucho y le informaron de que si no accedía por las buenas, lo pasaría mal.

En ese momento, Rabí Itzjak elaboró un plan y dijo a los hombres que él en persona llevaría la piedra al emperador. Los individuos aceptaron, y se retiraron.

La audaz maniobra

El momento de zarpar llegó, y Rabí Itzjak llevó la gema. Pero en medio de la travesía, le mostró la piedra a uno de los que estaban a bordo, y simulando un accidente, la arrojó al mar. Pensó que era mejor perderla y no participar en una obra de idolatría.

Después de la «pérdida» Rabí Itzjak comenzó a llorar simulando amargura por haber perdido una fortuna. En ese momento, los que estaban a bordo de la nave, al contemplar el terrible momento del judío, que había perdido su magnífica piedra preciosa que podía haberle hecho rico, intentaron consolarle. De esta manera, Rabí Itzjak se salvó de que le hicieran daño alguno, y regresó a su casa en paz.

El premio

Como premio por haber hecho esto, Rabí Itzjak mereció que le naciera un hijo al que llamaron Shelomó.

Este niño finalmente se convertiría en Rabí Shelomó Itzjaki (Rashi), el famoso erudito que alumbraría al mundo con sus conocimientos y enseñanzas.

Los primeros años de vida de Rashi

La ciudad donde Rashi nació, llamada Troyes, se ubicaba al norte de Francia. Allí transcurrieron los años de su niñez. Aprendió primeramente el alfabeto hebreo, luego a leer versículos del Pentateuco, y posteriormente dio los primeros pasos en el estudio de la Mishná y el Talmud. Rashi en los días de su infancia no se comportaba como los demás niños de su edad, en vez de salir al parque y jugar, él prefería quedarse a estudiar.

Cuando hubo crecido un poco, Rashi interpretaba las enseñanzas de sus maestros a la perfección, y le surgían preguntas tan profundas, que no podían ser respondidas por los rabinos de Troyes. Por esta razón, Rashi pidió a su padre que lo enviara a otra ciudad, donde pudiera disipar sus dudas, y progresar en el estudio.

El padre de Rashi estuvo de acuerdo con su hijo, y decidió enviarlo a la ciudad de Varmaiza, para que aprenda de los alumnos de Rabí Guershon. Rabí Guershon había sido una de las eminencias más destacadas de la época.

La madre de Rashi también estuvo de acuerdo en esa decisión, y consintió con su esposo, pese a que había esperado tanto para que le naciera un hijo y ahora que lo tenía debía separarse de él. La mujer no dudó y sin vacilar dijo que lo más importante era que su hijo progresara en el estudio de la Torá.

Así fue como Rashi partió de su casa, con tristeza por tener que alejarse de sus amados padres que tanto calor y afecto le habían brindado, pero a la vez sentía alegría, sabiendo que iba en busca de los sabios más destacados de la generación para aprender de ellos.

La partida

Rashi inició su camino, y a medida que se iba alejando, los padres lo seguían con la vista derramando un mar de lágrimas. Pero pese al dolor de la separación, sentían felicidad en sus corazones, pues sabían que era lo mejor para su hijo.

El camino a Varmaiza era largo, y Rashi lo hizo a pie, pues no tenía dinero para subir a un carruaje.

Después de algunos días de andar, Rashi llegó a Varmaiza y lo primero que hizo fue buscar la dirección de la academia de estudios, llamada Ieshiva. Cuando la hubo encontrado, inmediatamente ingresó allí, pues su sed de aprender era inmensa.

Rashi escuchó las voces de los estudiantes que discutían a viva voz los distintos pasajes talmúdicos, y en ese momento su corazón quedó invadido por un sentimiento fascinante que lo conmovió. Enseguida también él se sentó en uno de los lugares que estaban vacíos y comenzó a estudiar apasionadamente.

Rashi y el director de la Ieshivá

Mientras Rashi se hallaba inmerso en su estudio, el director de la academia lo vio, y enseguida se dio cuenta de que se trataba de un joven que jamás había estado presente en la Ieshivá. Rabí Yakov –así se llamaba el director de la academia– se acercó a él, y le preguntó cuál era su nombre, de dónde era oriundo, y quiénes eran sus padres. Después de averiguar esos datos, el director comenzó a hablar con Rashi sobre temas del Talmud, y comprobó que se trataba de un joven de aptitudes notables.

Rashi se quedó en esa Ieshivá a estudiar, y aprendió de Rabí Yakov cosas maravillosas. Pero no duró mucho este deleite, ya que al poco tiempo, Rabí Yakov falleció. El cargo de director de la Ieshivá tras el deceso de Rabí Yakov fue asumido por Rabí Itzjak Levi quien, al igual que su predecesor había sido alumno de Rabí Guershon que como dijimos, fue una de las eminencias más destacadas de la época.

Rashi vio que Rabí Itzjak Levi también era un hombre muy preparado y por eso se quedó en la Ieshivá para beber de sus enseñanzas.

Rashi alcanza la madurez

Rashi siguió estudiando en la Ieshivá de Varmaiza hasta que hubo crecido lo suficiente. Más tarde, decidió viajar a Magentza, la ciudad donde el gran maestro Rabí Guershon había vivido y enseñado. En Magentza, Rashi aprendió mucho de Rabí Itzjak ben Rabí Yehuda, que era el director de la Ieshivá de ese lugar. Este hombre había estudiado también directamente del gran sabio Rabí Guershon.

Ésta fue la manera mediante la cual se forjó la eminencia que hoy en día conocemos como Rashi. Y es importante destacar, que pese a que hemos visto que este joven iba incansablemente de un lugar a otro en busca de mayores conocimientos, y estudiaba de los eruditos más destacados, sin embargo, en la cuestión económica, Rashi no estaba bien, y carecía de los medios básicos para su subsistencia. Su alimentación era muy precaria, como así la ropa que vestía y los lugares donde dormía. Estudiaba como un león, pero vivía en forma muy austera.

Este ritmo de vida llevó Rashi hasta la edad de 18 años. Cuando hubo alcanzado tal edad, se comprometió con una joven de muy buenas cualidades. Con ella pactó que estudiaría siete años más, y luego se establecería definitivamente en su hogar.

Tras el compromiso

Después del compromiso, Rashi comenzó una serie de viajes por el mundo, pues quería saber si la explicación al Talmud que había escrito era realmente buena y para ello necesitaba la opinión de los demás. Deseaba saber qué pensaban al respecto los eruditos que vivían en los distintos lugares. Por eso, esta decisión de ir de lugar en lugar en busca de la verdad.

El sistema utilizado por Rashi para averiguar lo que deseaba no fue el convencional: no ingresaba a la academia de estudios del lugar donde se encontraba en ese momento y proponía su escrito para que lo leyeran y vieran qué les parecía. Rashi actuaba de una manera muy diferente, se ocultaba de los honores, y no revelaba en forma abierta sus conocimientos.

Cierto día, Rashi ingresó a una academia de estudios que encontró y se sentó a estudiar en un rincón, como cualquier persona que viene, se sienta y estudia. Pasado un tiempo, uno de los maestros del lugar comenzó a dar su clase de Talmud a los jóvenes, y Rashi escuchó. Pasados unos minutos, en un sector del trozo talmúdico que estaban estudiando, el cual era muy complicado, el maestro se detuvo y dijo que en verdad lo que hay allí escrito era algo muy profundo, y él reveló sólo lo que estaba a su alcance.

Rashi escuchó y pese a que sabía lo que el maestro dijo no saber, no abrió su boca. Pero cuando todos se habían ido de la academia, Rashi buscó en su cuadernillo la hoja que él había escrito y explicaba el tramo que los jóvenes estaban estudiando.

Cuando encontró la hoja, se acercó al libro del maestro, lo abrió, colocó allí la explicación, y lo volvió a cerrar.

El maestro, al día siguiente encontró la explicación dentro de su libro, y la leyó, quedando maravillado por la sabiduría de las palabras que había escritas en esa plana. Enseguida dijo a sus alumnos que le revelaran quién de ellos había escrito esa espléndida respuesta al tema que estaban estudiando. Pero ninguno de los presentes reconoció ser el autor de tal explicación.

De todos modos, el no haber hallado al autor de la explicación, no fue un motivo válido como para dejar de estudiar. Por lo tanto, ese día, al igual que los demás, continuaron estudiando el Talmud. Y a la noche, cuando todos se habían ido, otra vez Rashi buscó la explicación que él había escrito sobre la página que los jóvenes estaban estudiando. La encontró, se acercó al escritorio del maestro, abrió el libro del que estudiaba, y en la página que estaban estudiando, colocó su explicación.

Este hecho se produjo durante algunos días, hasta que Rashi fue atrapado por el maestro que se había escondido para descubrir quién dejaba la brillante explicación en su libro.

Tras ese acontecimiento, dieron a Rashi un lugar preferencial en la academia, y lo trataron con grandes honores. Sin embargo, en vez de aceptar esas distinciones, al ver que lo habían descubierto, Rashi huyó de ese lugar para proseguir actuando de la misma manera en otras academias donde no lo conocían.

Así fue como viajaba con las distintas caravanas que iban de lugar en lugar, y siempre con sus vestimentas de pobre, que revelaban su precaria situación económica.

Pasados unos años, las explicaciones de Rashi se habían propagado considerablemente, y en muchas academias estudiaban el Talmud y el Pentateuco con la explicación de Rashi.

Una experiencia singular

En una oportunidad en la que hacía mucho frío, Rashi que, dicho sea de paso, no había comido nada aún, pasó por una academia de estudios en la que estudiaban el Pentateuco con la explicación de Rashi.

Allí se detuvo, y escuchó que en un tramo del estudio, el maestro fastidiado por no comprender bien la explicación de uno de los versículos dijo: «¡No entiendo qué es lo que quiere Rashi!».

Entonces Rashi que había escuchado entró y le dijo: «¿No sabes lo que quiere Rashi? ¡Rashi quiere un plato de comida caliente para apaciguar su alma!».

EL REGRESO

Al cabo de los siete años de viajes, Rashi regresó a Troyes como había pactado y estableció su hogar junto a su esposa, con la cual tuvo tres hijas. En Troyes le ofrecieron el puesto de rabino principal a cambio de un muy buen sueldo, pero Rashi no aceptó el dinero, ya que prefería ganarse el pan con el sudor de su frente. Decidió vivir como los demás pobladores que trabajaban para llevar el sustento a casa. Así fue como comenzó a ocuparse de un viñedo que le proporcionaba los ingresos necesarios para los gastos de él y su familia.

Rashi siguió hasta sus últimos días con su trabajo, pese a que Troyes, de ser una ciudad pequeña y de poco renombre, pasó a ser por su causa el centro de Torá más visitado. Esto sucedió, porque los estudiantes y sabios venían de todos lados a hacerle preguntas a Rashi y pedir su opinión. Pero pese a ello, su humildad siguió igual que antes, y también su manera de ser y actuar.

Rashi falleció a los 65 años el día 29 de Tamuz de 4865.

EN LA ACTUALIDAD

Actualmente, como es sabido, los avances alcanzados en el campo de la imprenta son notables y ello permite realizar tiradas extraordinarias de libros a un muy bajo costo. Esto permite que por muy poco dinero, cada uno tenga en su casa los títulos que desea. Y como el Talmud es uno de los libros básicos de judaísmo, prácticamente toda familia judía observante tiene en su hogar una colección del Talmud con el comentario de Rashi.

Lo mismo acontece con el Pentateuco con el comentario de Rashi, es algo que se encuentra en cada hogar.

Esta explicación de Rashi al Pentateuco es algo tan brillante, que decenas de eruditos han elaborado comentarios explicativos al respecto. De hecho, uno puede visitar cualquier librería de textos de la Torá, y podrá apreciar cuántas versiones tiene a la hora de elegir libros que comenten la explicación de Rashi.

Después de analizar todo esto que hemos dicho, podemos afirmar con total seguridad que Rashi fue uno de los más destacados sabios que existieron en el último milenio.

Ahora que hemos llegado a este punto, nos volvemos a formular la pregunta que nos trajo hasta a aquí: ¿es posible que el Todopoderoso al escribir el plano del universo que es la Torá, haya pensado también en Rashi, un sabio que aparecería en los últimos tiempos?

Según lo manifestado por el mismo Rashi, parecería que sí, pues él mismo dijo, tal como lo vimos anteriormente, que «Dios vio» todo lo que sucedería en el futuro en el mundo antes de crearlo. Por tal razón, no es descabellado pensar que, si analizamos con mayor profundidad la explicación de Rashi al Pentateuco, encontraremos las pistas que nos llevan a comprobar que Dios también pensó en Rashi antes de crear el universo.

Por esta razón, en el capítulo siguiente, nos ocuparemos de buscar este dato, basándonos en la explicación de Rashi al Pentateuco.

XIX
BUSCAR A RASHI
EN EL PENTATEUCO

El Pentateuco comienza con las palabras *Bereshit bará*, que significan «En principio creó».

בראשית ברא = En principio creó

Rashi explica estas dos primeras palabras del Pentateuco de este modo: «Este pasaje bíblico no está diciendo sino ¡diserten sobre mí!...».

A través de estos términos, el mentado erudito expresa claramente que el citado pasaje bíblico está clamando que diserten sobre él para extraer del mismo otras explicaciones, además de lo que revela textualmente.

¿Por qué Rashi destaca que el primer pasaje bíblico del Pentateuco clama que diserten sobre él?

Porque aparentemente la palabra *Bereshit*, que significa «en principio», viene a indicar el orden de la creación. Es decir, esto se creó primero...

Sin embargo, si la intención hubiese sido que el versículo anuncie qué es lo que fue creado primero, el término que debiera haberse utilizado es *Barrishoná*, que significa «primero». Y entonces el versículo quedaría: «Primero creó Dios a los Cielos y a la Tierra».

Pero apreciamos que fue utilizado el término *Bereshit* que significa «en principio». Y sabido es que la palabra *Bereshit* no puede ir jamás acompañada de un verbo en tiempo pasado como lo es «creó». La palabra *Bereshit* toda vez que consta en el *Tanaj* (Biblia), va acompañada por un sustantivo.

Por ejemplo, estaría bien si el versículo hubiese sido redactado así: «En el principio de la creación creó Dios a los Cielos y a la Tierra».

En ese caso, existiría un sustantivo «la creación» a continuación de la palabra *Bereshit*, lo cual concuerda con el estilo y la semántica del Tanaj (el Pentateuco y los demás escritos sagrados que constan en la Biblia). Pero nuestro versículo no fue redactado de este modo, por eso debemos reconocer que requiere una explicación.

Es por ese motivo que Rashi destaca el conflicto semántico existente en las dos primeras palabras del Pentateuco, en caso de que las pretendiésemos interpretar en forma textual. Y lo hace mencionando: «Este pasaje bíblico no está diciendo sino diserten sobre mí».

LA SOLUCIÓN DE RASHI:

La solución que ofrece Rashi tras presentar el inconveniente es, que la palabra *Bereshit* utilizada al comienzo del Pentateuco es un término compuesto. Es decir, se trata de dos o más palabras fusionadas que dan origen a una palabra compuesta.

De acuerdo a la explicación de Rashi resulta que en el término *Bereshit*, la primera sílaba «Be» es la inicial de la palabra *bishbil*, que significa «por causa» y *reshit*, es «principio».

Por lo tanto, *Bereshit* es una palabra compuesta formada por los términos *bishbil reshit* fusionados, o sea:

Bereshit = por causa del principio

Entonces sí, queda resuelto el problema, y decimos que: «Por causa del principio creó Dios a los Cielos y a la Tierra».

Nos falta ahora saber a qué principio se refiere el versículo, por eso buscaremos en los escritos sagrados qué o quién es llamado «principio» –*reshit*–.

Encontramos en el libro de los Proverbios que la Torá es llamada: «el principio de Su camino». (Proverbios 8: 22)

Y en el libro del profeta Jeremías encontramos que Israel es llamado «principio»: «Santo es Israel para Dios, el principio de Su cosecha». (Jeremías 2: 3)

Con esto tenemos resuelto el tema, y nos queda que las primeras palabras del Pentateuco manifiestan: «Por causa de la Torá e Israel, creó Dios a los Cielos y a la Tierra».

Ésta es la disertación mediante la cual Rashi explica las primeras palabras del Pentateuco. Un comentario sintético, profundo y agudo como es su estilo. Y no es nuestra intención cuestionar nada sobre el mismo, pues nos parece brillante, sino que lo que pretendemos, es tomar sus propias palabras para intentar con ellas encontrar un indicio claro de que Dios pensó también en Rashi cuando hizo el plano del universo que es la Torá.

Las palabras a las que nos referimos son: «Este pasaje bíblico no está diciendo sino ¡diserten sobre mí!...».

Vamos pues a tratar de disertar también nosotros sobre el primer pasaje bíblico, pero apuntando siempre a encontrar a Rashi metido en el Pentateuco.

Para embarcarnos en esta difícil empresa, reuniremos a continuación el material necesario para luego aplicarlo al primer pasaje bíblico de acuerdo a lo sugerido por el mismo Rashi.

El material

El material que necesitamos no está muy lejos, ya que consiste en datos que corresponden a la explicación del propio Rashi al primer versículo del Pentateuco.

Esta explicación ya ha sido mencionada por nosotros en capítulos anteriores, cuando trascribimos la afirmación de Rashi, consistente en la revelación manifestada por él, de que el mundo fue creado por Dios al asociar el atributo de la bondad al de la severidad. Allí Rashi citó dos versículos para corroborar esto que dijo.

Uno es el primer versículo del Pentateuco:

En principio creó E"lohim a los Cielos y a la Tierra. (Génesis 1: 1)

E"lohim es el nombre de Dios que representa a la severidad, por lo tanto, pareciera ser que el mundo fue creado solamente con el atributo de la severidad. Sin embargo, existe otro versículo que indica que eso no fue así.

El otro versículo es:

Éstas son las descendencias de los Cielos y la Tierra cuando fueron hechos, en el día en que hizo El Eterno E"lohim la Tierra y los Cielos. (Génesis 2: 4)

Este segundo versículo, revela que los Cielos y la Tierra fueron hechos mediante el nombre de Dios El Eterno que representa bondad, y también por el nombre E"lohim que denota severidad y justicia.

Hasta aquí la prueba presentada por Rashi para corroborar su enunciado que revela que «la bondad asociada a la severidad, constituyen la base del mundo».

Un dato considerable

Estos dos versículos presentados por Rashi para demostrar que el mundo fue creado con los atributos de bondad y severidad asociados, presentan una diferencia notable.

El primer versículo citado es: «En principio creó E"lohim a los Cielos y a la Tierra». (Génesis 1: 1). En el mismo se menciona primero a los Cielos y luego a la Tierra. Sin embargo, en el final del segundo versículo, este orden se invierte, pues se menciona primero a la Tierra y luego a los Cielos: «... en el día en que hizo El Eterno E"lohim la Tierra y los Cielos». (Génesis 2: 4)

Este hecho es realmente sorprendente, pues el Pentateuco fue escrito con una precisión total, con margen de error cero, ya que el autor del mismo es Dios. Por lo tanto no podemos concebir que estos dos versículos, que se refieren a la creación del Cielo y la Tierra en el primer día del Génesis, presenten un intercambio en su orden.

Seguramente esta interpolación no es algo casual y por eso debemos averiguar qué es lo que nos quiso decir El Eterno a través de esta irregularidad.

Una hipótesis

Una posibilidad de solucionar este conflicto es, proponer que el orden de las cosas y las letras, tal como lo vemos existe sólo para nosotros, pero Dios está por encima de todo eso, y para Él en realidad es lo mismo que una palabra esté antes o después, en primer orden o en segundo orden, simplemente porque Él está por encima del tiempo y todos los demás parámetros terrenales que manifiestan orden, lugar y espacio. (Es similar a lo que vimos acerca del orden de la creación, donde Rashí explicó que «Dios vio» todo lo que sucedería con las personas antes de la creación.)

Esta hipótesis postulada adquiere más fuerza, si cotejamos la explicación de Rashi al versículo que consta en el Pentateuco previo a los diez mandamientos. Él mismo declara (Éxodo 20: 1): «Habló Dios todas estas palabras diciendo».

De los términos «todas estas palabras» Rashí deduce: «enseñan que Dios dijo los diez mandamientos en una sola pronunciación, cosa que es imposible para una persona hacer», y luego Rashi aclara: «pero si es así, ¿por qué a continuación constan los mandamientos en forma explícita: "Yo soy El Eterno tu Dios...", "no tendrás otros dioses..."?». A esta pregunta Rashi responde: «Lo que ocurre es, que luego Dios repitió cada uno de los mandamientos por separado, transmitiéndolos en forma explícita».

Resulta de lo aquí visto que Dios pronuncia una palabra y la misma incluye varias palabras, resultando que esa palabra Suya es en realidad un conjunto de palabras para nosotros.

Es decir, nosotros necesitamos varias palabras para comprender un solo concepto pronunciado por Dios.

Por lo tanto, teniendo en cuenta esta regla, podemos decir que el término *Bereshit*, que es el primero que consta en el Pentateuco, contiene muchos otros datos de los que se aprecian a simple vista. De un modo similar al primer mandamiento pronunciado por Dios, el cual dijimos, los contenía a todos.

Si es así, nos faltaría saber solamente cuál es el sistema a emplear para deducir esos datos y estar en condiciones de disertar el primer pasaje bíblico de manera apropiada para encontrar allí a Rashi.

El sistema

El sistema a utilizar lo obtendremos de las enseñanzas del sabio Or Hajaim, el popular y reconocido exegeta bíblico, que explicó nuestro tema de manera espléndida.

El mentado erudito, en su comentario al Pentateuco, cita el razonamiento que mencionamos antes, perteneciente a Rashi, y que revela que los diez mandamientos fueron dichos por Dios todos a la vez, en una sola pronunciación. Luego, Or Hajaim añade basándose en ese principio, que todo lo que El Eterno creó, lo creó mediante una sola pronunciación. Sólo que esa creación fue en potencia, y posteriormente, cada día de los seis días de la creación, fue desplegando y ordenando en el mundo lo que había creado en el primer día.

Es por eso que en el Talmud se dijo: «mediante diez pronunciaciones fue creado el mundo» (Meguilá 21b).

¿Cuáles son esas pronunciaciones?

Son las nueve veces que consta al principio del Génesis, en los versículos que hablan de los seis días de la creación, la expresión «Dijo Dios sea...». (Por ejemplo en Génesis 1: 3: «Dijo Dios sea luz y fue la luz»).

Pero dijimos que fueron diez pronunciaciones, y en los seis días de la creación, encontramos en el Pentateuco sólo nueve veces la expresión: «Dijo Dios sea...».

Si es así, ¿dónde está la décima?

La décima pronunciación la encontramos al inicio del Génesis, y es la expresión *Bereshit*, o sea, la expresión que dio origen a todo, es considerada también una pronunciación. (Talmud Meguilá 21b).

Esta declaración del Talmud, que revela que el mundo fue creado mediante diez pronunciaciones, se refiere al despliegue y ordenamiento de todo lo que fue creado el primer día a través de la primera pronunciación, o sea, *Bereshit*.

El sabio Or Hajaim, que es el autor de este comentario, cita a continuación un ejemplo alusivo. Dice que esta manera de proceder de El Eterno se parece a un individuo que se dispone a construir un palacio. Este hombre primeramente reúne las piedras, el barro, las maderas, y todo el material necesario para realizar la obra, y una vez que cuenta con esos materiales, comienza la construcción.

Del mismo modo actuó Dios para crear el mundo, primero creó todo lo necesario mediante una sola pronunciación, y a continuación fue desplegando y ordenando el material. Por ejemplo, el segundo día, cuando El Eterno se disponía a crear el Cielo, es decir, a darle forma, y acondicionarlo, dice (Génesis 1: 6): «Dijo Dios sea expansión dentro de las aguas, para que separe entre aguas y aguas».

Al apreciar este versículo uno se pregunta: ¿cómo el versículo nombra uno de los materiales utilizados por Dios para crear los cielos a las aguas, si en ningún momento los versículos dijeron que las aguas habían sido creadas?

La respuesta es, que tal como dijimos, todo fue creado el primer día mediante la primera pronunciación, que fue *Bereshit*, incluido el agua. Y durante los seis días de la creación, Dios acondicionó y ordenó esa materia prima que creó el primer día.

La creación

Tras la asombrosa e inobjetable deducción que hemos visto, uno lógicamente se pregunta: ¿de qué manera aconteció esa creación realizada por Dios mediante una sola pronunciación?

La respuesta la encontramos también en la explicación del sabio Or Hajaim. El erudito presenta la siguiente reflexión: alguien que pronuncia muchas palabras valiéndose de una sola pronunciación, tampoco le será necesario mencionar las letras de esa pronunciación en el respectivo orden.

De aquí resulta, por ejemplo, que cuando Dios dijo la palabra *Shamaym* (cielos), no pronunció primero la letra *Shin*, y luego la *Mem*. Como así la primera *Mem* de la palabra *Shamaym* no fue dicha por Él antes que la segunda.

שמים

Y lo mismo aconteció con cada una de las palabras pronunciadas por El Eterno, no fue necesario para Él pronunciar el principio de la palabra antes que el final de la misma, y el final luego del principio. Asimismo con las letras intermedias, no fue necesario para Él pronunciarlas en el orden en que las leemos en el Pentateuco. Sencillamente porque El Eterno está por encima de todos los órdenes y demás parámetros terrenales.

Ahora que sabemos esto comprendemos el sentido profundo del modo en que fue realizada la creación, pero a su vez nos preguntamos: ¿acaso no podía El Eterno haber pronunciado todas las letras en el respectivo orden, y por ende, todos los sucesos de la creación en el respectivo orden? ¿Por qué actuó de este modo?

Una de las respuestas a esta cuestión es que el Todopoderoso actuó de este modo para que podamos, a través de nuestro análisis, dilucidar las distintas combinaciones de las letras y aprender mucho de las mismas.

Por eso, valiéndonos de este sistema, analizamos la primera palabra del Pentateuco, la misma sobre la cual Rashi dijo que clama que diserten sobre ella.

La primera palabra que consta en el Pentateuco es *Bereshit,*

בראשית

Para visualizar mejor la combinación de letras que haremos, procedemos a pasar la última letra de la palabra *Bereshit* al principio.

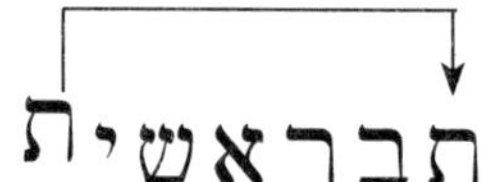

Nos queda:

תברא שי

Ahora empujamos hacia abajo algunas letras, para que la palabra quede separada en dos términos:

תב ר א שי

Quedan descubiertos dos términos: *Tavó* y *Rashi*.

Tavó significa «Vendrá».

תבא = vendrá

Y Rashi es el acróstico del nombre de Rashi.

רשי = Rashi

O sea, obtuvimos las palabras «Vendrá Rashi».

Es decir, en la primera palabra del Pentateuco está implícito
que vendrá Rashi y explicará.

Y esto no es algo que se encuentra a modo de insinuación ni deducción de algún tipo, es algo se encuentra en forma totalmente explícita. Decimos esto basándonos en el proceso explicado por el sabio Or Hajaim, mediante el cual las letras pronunciadas por Dios no fueron dichas en el respectivo orden que nosotros apreciamos, por ser que Dios se encuentra por encima de todos estos parámetros que indican orden, lugar, tiempo y espacio.

Por lo tanto, al ser que la palabra *Bereshit* tiene las mismas letras que *Tavó Rashi*, debemos reconocer que este pasaje bíblico sobre el cual Rashi dijo que clama que diserten sobre él, clama que Rashi es uno de los que lo harán, es decir, que será Rashi quien disertará sobre él.

XX
LA BONDAD Y LA SEVERIDAD
EN LA PRIMERA LETRA
DEL PENTATEUCO

En el capítulo anterior tuvimos la oportunidad de apreciar algo verdaderamente sorprendente: que el Todopoderoso pensó en el momento de concebir el Pentateuco también en Rashi, un comentarista bíblico nacido en el quinto milenio.

Esta deducción fue alcanzada gracias a lo enseñado por Rashi, y que motivó nuestra inquietud. Nos referimos a la revelación de la fórmula utilizada por El Eterno para crear el universo.

Esta fórmula revelada por Rashi consistió en la asociación por parte de Dios del atributo de la bondad al atributo de la severidad, y con ambos atributos fusionados realizó la creación. Por lo tanto, a partir de esta aseveración, debemos reconocer que este enunciado consiste en el fundamento principal de la creación.

Asimismo, respecto a la creación, dijimos en los capítulos anteriores que hay un ejemplo útil para comprender los distintos detalles de la misma. Ese ejemplo es el estudio de la genética, donde toda célula nucleada del cuerpo humano contiene los datos de todo el cuerpo, y de los padres biológicos. Y así como acontece con las células, sucede con las letras con las que fue escrito el Pentateuco, donde cada una de ellas contiene los datos del Padre del universo (Dios) y también los datos de toda la creación.

Debido a ello, es nuestra intención comprobar que esta teoría dicha por Rashi también se halla implícita en una letra de las que fueron utilizadas para realizar la creación, es decir, en una letra del Pentateuco.

Para tratar de alcanzar esta información, recordaremos en primer lugar la revelación de Rashi, y luego la buscaremos dentro de la letra que venimos analizando hasta ahora, que es la primera que aparece en el Pentateuco, o sea, la letra *Bet*.

La revelación de Rashi

El primer versículo del Pentateuco declara (Génesis 1: 1): «En principio creó E"lohim a los Cielos y a la Tierra».

El versículo se refiere a Dios mediante el nombre E"lohim, que representa justicia y severidad, a diferencia del nombre El Eterno que representa bondad.

Rashi explica que Dios vio que si el mundo se creaba mediante la bondad solamente, no se podría mantener, y tampoco se podría mantener si se creaba mediante el atributo de la severidad solamente. Por eso, El Eterno antepuso el atributo de la bondad y lo asoció al atributo de la severidad. (Rashi Génesis 1: 1)

Rashi continúa diciendo en su explicación que esto que hemos explicado se confirma por un versículo que encontramos en el segundo capítulo del Génesis (Génesis 2: 4):

> Éstas son las descendencias de los Cielos y la Tierra cuando fueron hechos, en el día en que hizo El Eterno E"lohim la Tierra y los Cielos.

Este segundo versículo, revela que los Cielos y la Tierra fueron hechos mediante el nombre de Dios El Eterno que representa bondad, y también por el nombre E"lohim que denota severidad y justicia.

Es decir: «la bondad y la severidad asociadas, constituyen la base del mundo».

ABORDANDO LA DEDUCCIÓN

Para encontrar este principio citado en la primera letra del Pentateuco, citaremos algo que ya sabemos. Nos referimos a la deducción que realizamos ya en un capítulo anterior (el número 12), donde demostramos que la letra *Bet* que es la primera del Pentateuco, contiene en su interior al nombre de Dios El Eterno, o sea, el nombre de Dios que representa a la bondad.

Por lo tanto, lo único que nos restaría, para hallar en la primera letra del Pentateuco la teoría dicha por Rashi, es el nombre de Dios E"lohim que denota severidad, dentro del nombre El Eterno. Y dado que ya hemos comprobado que este último nombre se encuentra en el interior de la primera letra del Pentateuco, a través de esta prueba constataríamos que la bondad y la severidad se hallan combinadas en el interior de la primera letra de la Torá, y por ende en toda la creación.

MEDIOS CONCRETOS

El hallazgo de este factor requiere la aplicación de la revelación manifestada en el famoso libro de cábala llamado *Zohar*. (Tikunei Zohar Jadash 96b)

Allí se explica la manera exacta en que hay que proceder para obtener este dato. Debido a ello, seguidamente nos ocuparemos de presentar ese informe, el cual desglosaremos y desmenuzaremos apropiadamente.

A través de este estudio, podrá apreciarse además algo magnifico y tremendamente erudito, una enseñanza increíblemente útil y provechosa. Se contemplará la múltiple contracción del nombre de El Eterno que denota severidad, plegado sutilmente, y casi imperceptiblemente dentro de la bondad, para que ésta esté completa, cumpliendo con el enunciado: «La bondad no está completa si no se le añade un poco de severidad y la severidad no está completa si no se le añade un poco de bondad».

PRIMER PASO

Primeramente se deben calcular los valores de las letras del nombre de Dios El Eterno, que denota bondad, pero en su forma completa.

Este concepto, «nombre de las letras en forma completa» implica que cada letra tiene una parte audible, la que se pronuncia, y también posee otras letras que componen su nombre, pero no se pronuncian.

Por citar un ejemplo, la letra *Iod* se pronuncia mediante el sonido «y». Sin embargo, el nombre completo de la misma es *Iod*.

$$\text{י} = \text{יוד}$$

Apreciamos que, además de la propia letra *Iod*, componen el nombre de esta letra los caracteres *Vav* y *Dalet*.

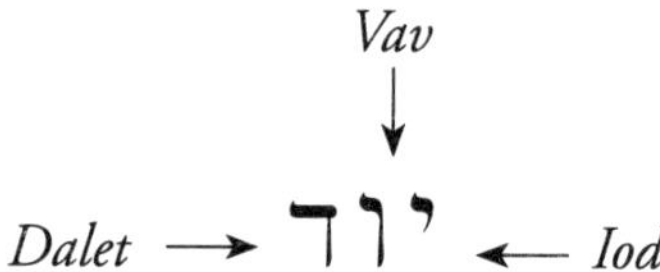

Resulta que todas las letras que componen el nombre completo de la letra *Iod* son: *Iod*, *Vav* y *Dalet*.

Por lo tanto, el cálculo que debemos realizar consistirá en sumar los valores de todas esas letras que constan en el nombre de la letra *Iod*, y no solo la parte que se pronuncia.

O sea, valor completo de *Iod* = valor de *Iod* + valor de *Vav* + valor de *Dalet*.

Proseguimos

Ahora que hemos explicado el sistema, procederemos a aplicarlo a las letras del nombre de Dios El Eterno que denota bondad.

$$\text{ה} - \text{ו} - \text{ה} - \text{י}$$

Primera letra

Tomamos la primera letra que es *Iod* en su forma completa:

$$\text{י} = \text{ד ו י}$$

Sumamos ahora todas las letras del nombre de la letra *Iod* y nos queda:

$$\text{ד ו י} = \text{ד} + \text{ו} + \text{י}$$

O sea:

$$
\begin{array}{rcr}
\text{י} & = & 10 \\
\text{ו} & = & 6 \\
\text{ד} & = & \underline{4} \\
 & & 20
\end{array}
$$

Resulta que el valor completo de *Iod* es 20.

Segunda letra

Calculemos ahora el valor de la segunda letra del nombre de Dios, o sea, la letra *He*.

$$\text{ה} = \text{א ה}$$

Sumamos ahora todas las letras del nombre de la letra *He* y nos queda:

$$\text{ה} = \text{א} + \text{ה}$$

O sea:

$$\begin{array}{rl} \text{ה} = & 5 \\ \text{א} = & \underline{1} \\ & 6 \end{array}$$

Resulta que el valor completo de *He* es 6.

Tercera letra

Calculemos ahora el valor de la tercera letra del nombre de Dios, o sea, la letra *Vav.*

$$\text{ו} = \text{ואו}$$

Sumamos ahora todas las letras del nombre de la letra *Vav* y nos queda:

$$\text{ו} = \text{ו} + \text{א} + \text{ו}$$

O sea:

$$\begin{array}{rl} \text{ו} = & 6 \\ \text{א} = & 1 \\ \text{ו} = & \underline{6} \\ & 13 \end{array}$$

Resulta que el valor completo de *Vav* es 13.

Cuarta letra

La cuarta letra del nombre de Dios El Eterno es *He*, la misma que la segunda letra, acerca de la cual ya vimos que suma 6.

Total

Por lo tanto resulta que:

$$\text{ה-ו-ה-י} = (\text{א}+\text{ה})+(\text{ו}+\text{א}+\text{ו})+(\text{א}+\text{ה})+(\text{ד}+\text{ו}+\text{י})$$

O sea:

El Eterno = (10+6+4)+(5+1)+(6+1+6)+(5+1) = 20 + 6 + 13 + 6

$$20 + 6 + 13 + 6 = 45$$

Resultado

El nombre de Dios El Eterno en forma completa tiene un valor numérico de 45.

Segundo paso

Éste que hemos dado es el primer paso explicado en el libro *El Zohar* para hallar el nombre de Dios E"lohim que denota severidad, en el interior del nombre de Dios El Eterno que denota bondad. El segundo paso allí mencionado consiste en asignar a este valor obtenido 45, las letras del alfabeto hebreo que lo representan.

Encontramos la letra *Mem* que tiene un valor numérico de 40, y la letra *He* que tiene un valor numérico de 5.

$$מ = 40$$
$$ה = \underline{5}$$
$$45$$

Por lo tanto, decimos que el nombre de Dios El Eterno en su forma completa es *Mem*, *He*.

Proceder en el segundo paso

El libro *El Zohar* explica que debemos aplicar seguidamente a las letras *Mem*, *He* el mismo proceso que fue aplicado a las letras del nombre de Dios, El Eterno, mediante el cual obtuvimos el valor completo de las letras que lo componen.

Por lo tanto, buscaremos ahora el valor completo de las letras *Mem*, *He*.

Primera letra

Calculemos el valor de la primera letra que es *Mem*.

$$מ = מם$$

Sumamos ahora todas las letras del nombre de la letra *Mem* y nos queda:

$$מ = ם + מ$$

O sea:

$$\begin{array}{rcl} \mathfrak{D} & = & 40 \\ \square & = & \underline{40} \\ & & 80 \end{array}$$

Resulta que el valor completo de *Mem* es 80.

Segunda letra

Calculemos ahora el valor de la segunda letra, que es la letra *He*.

$$\sqcap \; = \; \aleph \, \sqcap$$

Sumamos ahora todas las letras del nombre de la letra *He* y nos queda:

$$\sqcap \; = \; \aleph \, + \, \sqcap$$

O sea:

$$\begin{array}{rcl} \sqcap & = & 5 \\ \aleph & = & \underline{1} \\ & & 6 \end{array}$$

Resulta que el valor completo de *He* es 6.

Total

Por lo tanto resulta que:

$$\sqcap\mathfrak{D} \; = \; (\aleph + \sqcap) + (\square + \mathfrak{D})$$

O sea, el nombre completo de Dios representado por las letras *Mem, He*= (40+40)+(5+1)

$$80+ 6 = 86$$

CONCLUSIÓN

El nombre de Dios El Eterno en forma completa tiene un valor de 45, o sea *Mem, He*.

El nombre de Dios completo representado por las letras *Mem, He* en forma completa tiene un valor de 86.

TERCER PASO

El tercer paso indicado en el libro *El Zohar* para encontrar el nombre de Dios E"lohim que denota severidad dentro del nombre de Dios El Eterno que denota bondad, es hallar el valor numérico del nombre de Dios E"lohim que denota severidad.

El nombre de Dios E"lohim se escribe así:

א-ל-ה-י-ם

Ahora calculamos el valor numérico

א	=	1
ל	=	30
ה	=	5
י	=	10
ם	=	40

$$86$$

RESULTADO

El nombre de Dios E"lohim que denota severidad tiene un valor numérico de 86. Y el valor completo del nombre completo de Dios El Eterno que denota bondad tiene un valor numérico de 86.

Vemos claramente que el nombre de Dios E"lohim que denota severidad se encuentra en el interior del nombre de Dios El Eterno que denota bondad.

Y como ya habíamos comprobado que el nombre de Dios El Eterno que denota bondad se encuentra dentro de la primera letra del Pentateuco, que es la letra *Bet*, resulta que esta fórmula revelada por Rashi (Dios asoció el atributo de la bondad al atributo de la severidad, y con ambos atributos fusionados realizó la creación), se encuentra en el interior de la primera letra del Pentateuco.

XXI
ANTES DE LA CREACIÓN

En este capítulo, apreciaremos erudiciones imponentes y significativamente profundas. Ha de verse acerca del concepto de la acción de la bondad y la severidad, pero remontándonos en el tiempo hasta alcanzar la acción sucedida en el momento previo a la creación del universo.

Para situarnos en el campo de análisis debidamente, diremos que, antes de que existiera el universo tal como lo conocemos, todo estaba lleno de luz infinita. Este concepto netamente material o mundano «luz» fue aquí asociado a la palabra «infinito», que representa lo espiritual e ilimitado, debido a que la luz es el elemento más representativo que existe en el mundo para representar el concepto citado. Ésta es la razón por la cual se asocia el infinito con la luz, y de esta manera es posible darnos una idea más tangible de la situación reinante antes de la creación del universo.

La razón por la que decimos que la luz es el elemento más representativo que existe en el mundo para representar el concepto infinito es por que se trata de un elemento muy especial: de él se puede apreciar fácilmente, que si desaparece su raíz, en forma instantánea desaparece el elemento entero, cosa que no acontece con ninguno de los demás elementos que existen sobre la faz de la Tierra.

Por ejemplo, si uno corta un árbol, separándolo de su raíz, el árbol se secará. Pero al menos quedará un árbol seco.

Otro ejemplo sería un manantial que brota de la tierra. Si el manantial se seca, al menos quedarán las aguas que ya brotaron de la fuente.

También podemos decir lo mismo del aire. Si llenamos un balón de aire, y luego cesamos de soplar, y cerramos la boca de entrada del balón, el aire que ya salió de nuestro interior seguirá existiendo, pese a que la raíz que lo produjo (nuestra boca y nuestros pulmones) desaparezca.

Sin embargo con la luz no acontece así, ya que si cerramos la ventana mediante la cual la luz ingresa en la casa, toda la luz que había dentro de la casa desaparecerá instantáneamente, y ésta es la razón, porque se separó de su raíz.

Por eso, el término «luz» se utiliza para representar el cuadro anterior a la creación, y el mismo concepto se utiliza para mencionar a las esferas espirituales que existieron posteriormente al dominio absoluto de la «luz infinita». (Daat u Tebuná, petijá 2)

Tras esta necesaria introducción, pasaremos a analizar cómo aconteció la creación.

La decisión de realizar la creación

Antes de que cosa alguna hubiera sido creada, la luz infinita llenaba todo, y no había ningún lugar libre o vacío. Todo estaba lleno por esta luz infinita, intangible e imperceptible por la mente humana, pues la misma no tuvo un tiempo de inicio, no tuvo principio ni tiene fin, ya que siempre estuvo allí y seguirá estando. Esta luz infinita es completamente espiritual y eterna.

Sin embargo, el estado en el que se encontraba esta luz infinita antes de la creación no era el objetivo final de la misma, ya que Dios tenía planes de retrotraer momentáneamente parte de esa luz para crear el universo.

Cuando Dios decidió crear el universo, fue para que a través de recibir el mundo Sus bondades, Él pueda llamarse «Bondadoso». Pues si no hay nadie que recibe Sus bondades, ¿cómo Dios puede llamarse Bondadoso? Y lo mismo con todos los demás atributos de Dios: «Misericordioso», «Lento para enojarse», «Piadoso», y demás identificativos que le corresponden. Si no hay nadie que reciba de Él la influencia de estos atributos, ¿cómo Dios puede ser llamado «Misericordioso», «Lento para enojarse», «Piadoso»? Ésta fue la razón de la creación de todos los mundos, es decir, el universo material que conocemos, y todos los demás mundos espirituales.

En ese momento, Dios comprimió Su luz infinita en un lugar y entonces se produjo un hueco, un vacío.

PROPIEDADES DEL VACÍO GENERADO

Este vacío producido es intangible e imperceptible para la mente humana, dado que es algo totalmente espiritual. Tanto la luz infinita, como el hueco producido en la misma, son terminologías físicas empleadas para que nuestro raciocinio humano pueda captar mínimamente el tema expuesto.

El hueco que se produjo en el interior de la luz infinita tenía la forma de una esfera perfecta. Después de que esta esfera vacía de luz infinita quedó formada, Dios dispuso una línea recta, a manera de tubo conductor, que conectara el exterior, o sea la luz infinita, con el interior de la esfera que se formó. Por el interior de esta línea comenzó a drenar la luz infinita para inyectarse dentro de la esfera.

Esta línea conductora cuyo vértice superior tocaba la luz infinita, ingresaba en la esfera por la parte superior, pero no llegaba a tocar el extremo inferior de la esfera que conectaba con la luz infinita por debajo. Ya que si eso llegaba a suceder, el interior de la esfera estaría recibiendo luz infinita por arriba y por abajo, lo cual provocaría que el hueco que se había generado desapareciera por completo, al quedar anulado por la luz infinita, y volver todo a su estado original. O sea, sólo luz infinita.

Al ser que esta línea no llegaba a tocar el vértice opuesto de la esfera, permitió que haya un principio (el lugar por donde la línea penetraba en la esfera), y un final, (la parte inferior o final de la línea en el interior de la esfera). Así se formaron parámetros finitos: abajo, arriba, adelante, atrás, este, oeste.

Acción producida vía la incisión

La línea conductora, por cuyo interior circulaba la luz infinita fue penetrando en el interior de la esfera vacía de forma gradual. Primero ingresó levemente, permitiendo que entrase luz infinita en la parte superior de la esfera vacía y la luz infinita que se introdujo en la misma se esparció por el límite interior de la esfera vacía, formando una esfera interior. Esta esfera interior es llamada *Keter* (corona).

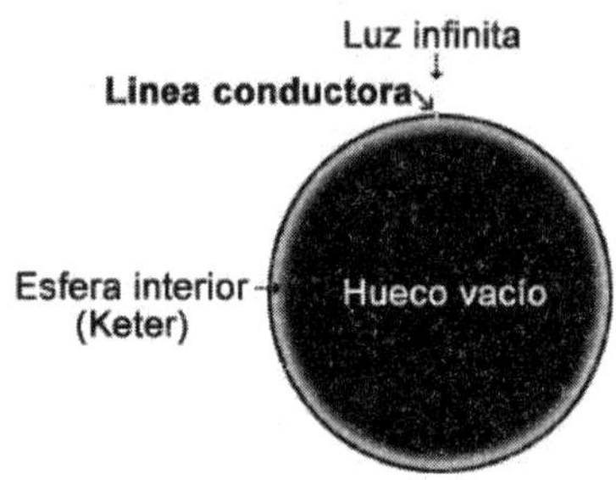

Luego, la línea se introdujo dentro de la esfera vacía un poco más, lo que permitió el ingreso de más luz infinita que formó una nueva esfera interior debajo de la primera que se había formado. Esta segunda esfera interior es llamada *Jojmá*.

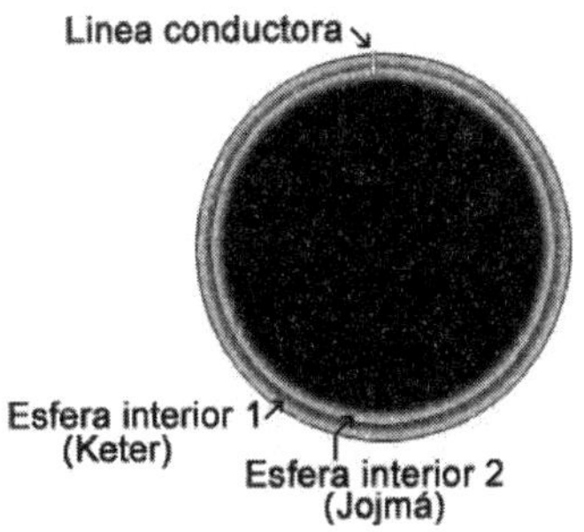

Posteriormente la línea conductora se introdujo un poco más en el interior de la esfera vacía, lo que permitió que más luz infinita entrase para originar la tercera esfera interior que es llamada *Biná*.

Este proceso de penetración de la línea conductora continuó de la misma manera, hasta que se formaron diez esferas interiores.

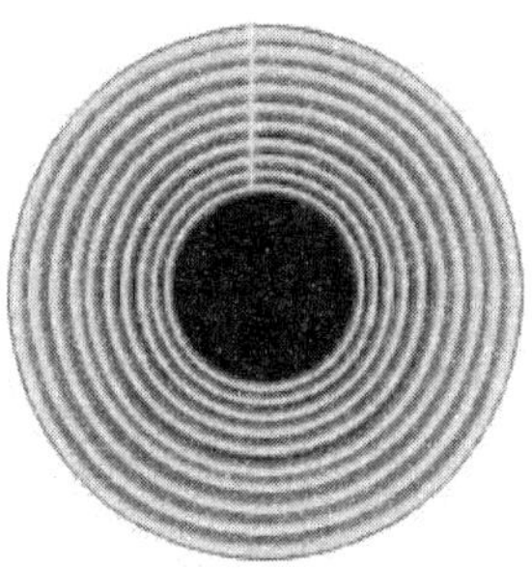

Éste es el detalle de las diez esferas interiores que se formaron: la primera esfera, la más cercana a la luz infinita, recibió el nombre de *Keter* (corona). La segunda esfera interior, que se formó debajo de la primera, fue llamada *Jojmá* (sabiduría). La tercer esfera que se formó recibió el nombre de *Biná* (entendimiento).

La cuarta esfera recibió el nombre de *Jesed* (Bondad). La quinta *Gueburá* (severidad), la sexta *Tiferet* (equilibrio). La séptima *Netzaj* (triunfo), la octava *Hod* (esplendor), la novena *Yesod* (fundamento), y la décima *Maljut* (reinado).

Esta es la forma en que se formaron las diez esferas iniciales que darían origen a todos los mundos espirituales, y al mundo material que conocemos.

CALIDAD DE LUZ DE LAS ESFERAS INTERIORES

La primera esfera interior, llamada *Keter*, es la más cercana a la luz infinita exterior. Decimos esto, porque no hay nada que se interponga entre la luz infinita exterior y esta esfera interior. Sólo que al ser que esa esfera se formó exclusivamente de la luz infinita que ingresó estrictamente racionada por la línea conductora, debiéndose expandir por toda la superficie interior del hueco vacío para formar la esfera interior llamada *Keter*, por tal razón, esa luz interior resultó considerablemente debilitada. Por eso debemos reconocer que no tiene la misma calidad que la luz infinita del exterior. Sin embargo, de las esferas interiores, es la que mayor calidad de luz posee, por ser la más cercana a la luz infinita exterior.

Debajo de *Keter* se formó la esfera interior llamada *Jojmá*. Esta esfera interior, está más separada que *Keter* de la luz infinita exterior, pues *Keter* se interpone entre *Jojmá* y la luz infinita. Por eso debemos decir que la calidad de luz de *Jojmá* es inferior a la de *Keter*.

La tercera esfera interior llamada *Biná*, está más separada aún de la luz infinita exterior, ya que se interponen entre ella y la luz infinita exterior, dos esferas interiores, que son *Keter* y *Jojmá*. Por eso debemos decir que la calidad de luz de *Biná* es inferior a la de *Keter* y *Jojmá*.

Si seguimos avanzando, comprobaremos que cada esfera interior en orden descendente, está cada vez más distanciada de la luz infinita exterior. Por lo que debemos reconocer, que la calidad de luz de cada una de estas esferas va descendiendo de acuerdo a la posición de las mismas.

EL SISTEMA SE MULTIPLICA

Este sistema descrito, se multiplicó y volvió a multiplicar, generando paulatinamente miles y miles de sistemas similares de diez esferas interiores. Estas esferas a medida que se distancian de la luz infinita exterior, cuentan con una calidad de luz cada vez más reducida.

El originamiento de miles de sistemas de diez esferas cada vez más alejadas de la luz infinita, originó la creación de miles de mundos espirituales. Cada uno de estos mundos a su vez cuenta con esferas interiores independientes que se generaron a partir de las primeras, y cada esfera de cada mundo asimismo contiene diez esferas interiores, lo que proyecta este sistema de conjuntos de diez esferas hasta el infinito, siempre respetando la fórmula, es decir, una esfera dentro de la otra, similar a las capas de una cebolla, las cuales aparecen montadas una sobre la otra.

Este sistema de conjuntos de diez esferas interiores se propagó hasta el centro de la esfera vacía original que se había formado. En ese lugar se encuentra el mundo material en el que vivimos, el cual presenta este estado material que conocemos, precisamente porque está notablemente alejado de la luz infinita original exterior.

Estas esferas que se multiplicaron infinitamente constituyen la base espiritual de toda la creación. Después de que esta base espiritual quedase formada, la palabra de Dios dio origen al universo propiamente dicho. (*Daat Utebuná*)

CREACIÓN MEDIANTE LA PALABRA

Para comprender con mayor exactitud cómo aconteció la creación del universo mediante la palabra de Dios, debemos rememorar lo que dijimos en capítulos anteriores, que el nombre de Dios El Eterno representa a la bondad, y el nombre de Dios E"lohim representa a la severidad.

$$\text{י-ה-ו-ה} \longrightarrow \text{bondad}$$
$$\text{א -ל-ה-י-ם} \longrightarrow \text{severidad}$$

Agregaremos ahora que, así como hay un nombre de Dios específico que representa a la bondad y otro a la severidad, del mismo modo hay dos conceptos para referirse a una pronunciación. Estos conceptos son *Vaiomer* y *Vaidaver*. Ambos conceptos denotan «decir», sólo que *Vaiomer* significa «dijo» en forma suave, bondadosa, y *Vaidaver* significa «dijo» en forma severa.

$$\text{ויאמר} \longrightarrow \text{dijo suavemente}$$
$$\text{וידבר} \longrightarrow \text{dijo severamente}$$

Por eso, cuando en el versículo consta *Vaidaver E"lohim* sabemos que El Eterno habló en forma severa. En cambio, cuando en el versículo consta *Vaiomer El Eterno* sabemos que el Eterno habló de manera suave.

Aunque en ocasiones encontramos combinaciones de estos términos. Por ejemplo, en el versículo que habla de la creación de la luz, consta *Vaiomer E"lohim* (Génesis 1: 3). Debemos entender que en este caso, El Eterno se manifestó de manera severa, pero habló en forma suave. Mostró rigor, pero Sus palabras fueron tiernas y dulces.

Esta combinación *Vaiomer E"lohim*, en la que El Eterno muestra severidad y se expresa de manera suave, la encontramos en las diez pronunciaciones que dieron origen al mundo.

CREACIÓN DEL UNIVERSO MEDIANTE 10 PRONUNCIACIONES

La primera vez que consta la expresión «Dijo Dios» la encontramos en la creación de la luz. «Dijo Dios: sea la luz y fue la luz» (Génesis 1: 3)

La segunda vez que consta la expresión «Dijo Dios» la encontramos en el momento en que El Eterno separa las aguas de arriba de las aguas de abajo, a través del firmamento. El versículo que narra este suceso declara: «Dijo Dios: sea expansión entre las aguas para que divida entre aguas y aguas» (Génesis 1: 3).

La tercera vez que consta la expresión «Dijo Dios» la encontramos cuando El Eterno ordena a las aguas, que en ese momento eran más livianas y se encontraban en un estado semigaseoso, que se compriman, que se hagan más pesadas, y se reúnan en un lugar para que quede descubierta la tierra seca. (Midrash Raba). El versículo que narra este suceso declara: «Dijo Dios: reúnanse las aguas de debajo de los Cielos en un lugar y véase lo seco, y fue así» (Génesis 1: 9).

La cuarta vez que consta la expresión «Dijo Dios» la encontramos en la creación de los vegetales: «Dijo Dios: produzca la tierra vegetación, hierba que dé simiente, árbol frutal que produzca frutos según su especie, que esté su simiente en él, sobre la tierra, y fue así» (Génesis 1: 11).

La quinta vez que consta la expresión «Dijo Dios» la encontramos en la creación de los astros: «Dijo Dios: sean lumbreras en la expansión de los cielos, para separar entre el día y entre la noche, y sean por señales, y para tiempos, y para días y años» (Génesis 1: 14).

La sexta vez que consta la expresión «Dijo Dios» la encontramos en la creación de los seres vivos: «Dijo Dios: produzcan las aguas seres vivientes, y ave que vuele sobre la tierra, sobre la faz de la expansión de los cielos» (Génesis 1: 20).

La séptima vez que consta la expresión «Dijo Dios» la encontramos en la creación de los animales: «Dijo Dios: produzca la tierra ser vivo según su especie, animales domésticos y reptiles y animales salvajes terrestres, según su especie, y fue así» (Génesis 1: 24).

La octava vez que consta la expresión «Dijo Dios» la encontramos en la creación del hombre: «Dijo Dios: hagamos al hombre, a nuestra imagen y semejanza, y que domine en los peces del mar y en las aves de los cielos, en los animales y en toda la tierra y sobre todo reptil que repta sobre la tierra» (Génesis 1: 26).

La novena vez que consta la expresión «Dijo Dios» la encontramos en la creación del alimento del hombre, es decir, cuando El Eterno torna a los vegetales en aptos para comer: «Dijo Dios» he aquí que os doy todo vegetal que da simiente que hay sobre la faz de toda la tierra, y todo árbol frutal que tiene fruto que da simiente, para vosotros será para comer» (Génesis 1: 29).

Éstas son las nueve veces que consta en el Pentateuco la expresión «Dijo Dios». Sin embargo, nuestros sabios dijeron que el universo fue creado mediante diez pronunciaciones. (Mishná Pirkey Avot 5: 1)

SI ES ASÍ, ¿DÓNDE ESTÁ LA DÉCIMA?

La décima pronunciación, es en realidad la primera, pues se trata del primer cocepto expresado en el Pentateuco: «En principio creó Dios a los Cielos y a la Tierra» (Génesis 1: 1).

Esto lo sabemos porque los sabios revelaron que la creación de los Cielos y la Tierra aconteció mediante una pronunciación de Dios. ¿De dónde sabemos esto? Lo aprendemos del versículo que consta en el libro de los Salmos 33: 6: «Por la palabra de Dios los cielos fueron hechos...» (Talmud tratado de Meguilá 21b).

Conclusión: dado que las diez pronunciaciones que dieron origen al mundo se dijeron en forma suave, *Vaiomer*, se conocen como *Asará maamarot* (10 pronunciaciones suaves).

עשרה מאמרות = 10 pronunciaciones suaves

LOS DIEZ MANDAMIENTOS

Los diez mandamientos también fueron dichos mediante pronunciaciones, sin embargo encontramos en la forma en que fueron pronunciados, mayor severidad a la utilizada en la creación del universo. Decimos esto, porque en el versículo de introducción a los mismos se menciona la forma de pronunciación que denota severidad *Vaidaver* y a continuación, el nombre de Dios que denota severidad, *E"lohim*.

עשרת הדברות = 10 pronunciaciones severas

Para apreciar este detalle más detenidamente, copiaremos aquí el versículo que precede a los diez mandamientos:

וידבר א-ל-ה-י-ם את כל הדברים האלה לאמר

En fonética este versículo se pronuncia así: *Vaidaver E"lohim et col hadevarim haele leemor* (Éxodo 20: 1).

Y la traducción del mismo es ésta: «Habló E"lohim todas estas palabras diciendo»:

Después, de este anuncio general, son enumerados los diez mandamientos.

Yo soy El Eterno, tu Dios que te saqué de la tierra de Egipto, de la casa de siervos.

No habrá para ti otros dioses fuera de Mí. No harás para ti estatuas, ni imágenes de lo que hay arriba en el Cielo, y de lo que hay abajo en la Tierra, y lo que está en el agua abajo en la tierra. No te prosternes a ellos, y no los sirvas, pues Yo soy El Eterno, tu Dios, Dios celoso, que recuerdo el pecado de los padres sobre los hijos, sobre la tercera y cuarta generación, a quienes Me aborrecen; y hago bondad a miles de generaciones, a quienes Me aman y guardan Mis preceptos.

No tomes el nombre de El Eterno tu Dios para engañar, pues no tornará limpio El Eterno a quien tome Su nombre para engañar.

Recuerda el día de Shabat para santificarlo. Seis días trabajarás y harás toda tu labor, y al día séptimo es Shabat para El Eterno tu Dios; no harás ningún trabajo, tú, tu hijo, tu hija, tu siervo, tu sierva, tu animal, y el peregrino que esté en tus portones. Porque en seis días hizo El Eterno los cielos y la tierra, el mar y todo lo que hay en ellos, y descansó el día séptimo, por eso bendijo El Eterno al día de Shabat y lo santificó.

Honra a tu padre y a tu madre, para que se te prolonguen tus días sobre la tierra que El Eterno tu Dios te da.

No asesines.

No te prostituyas.

No robes.

No declares contra tu prójimo falso testimonio.

No codicies la casa de tu prójimo. No codicies la mujer de tu prójimo, su siervo, su sierva, su toro, su burro y todo lo que sea de tu compañero.

Al ser que los diez mandamientos fueron dichos en un lenguaje de severidad, (recordemos el versículo de introducción a los mismos «*Vaidaver E"lohim...*»), por eso, los diez mandamientos son llamados «*Aseret Adiverot*» (diez pronunciaciones severas).

עשרת הדברות = 10 pronunciaciones severas

¿Por qué los mandamientos fueron dichos en forma severa? Es para anunciar que los mandamientos y demás preceptos Divinos son decretos de El Eterno. De esta manera, uno no dirá: «no puedo comer carne de cerdo porque la aborrezco», sino que dirá: «puedo, pero El Eterno decretó sobre mí que no lo haga» (Kli Yakar).

De todos modos, a las personas de pensamiento más frágil, como las mujeres, que no pueden soportar un lenguaje severo, es necesario explicarles el motivo de los preceptos en un lenguaje suave, mostrándole los beneficios de su cumplimiento.

Es por eso que, en el versículo de introducción a los diez mandamientos, El Eterno aclara:

וידבר א-ל-ה-י-ם את כל הדברים האלה לאמר

Vaidaver E"lohim et col adevarim haele leemor

Apreciamos que al comienzo, el texto anuncia severidad *Vaidaver E"lohim*, pero al final, incluye la expresión "leemor", que significa «hablar suavemente».

Leemor es el infinitivo de *vaiomer*. Por lo tanto, ambas palabras tienen la misma raíz, y como habíamos dicho ya que *vaiomer* es «hablar suavemente», el mismo sentido tiene *leemor*.

ויאמר = לאמר
לאמר = hablar suavemente

Las diez pronunciaciones que dieron origen al universo fueron dichas en lenguaje que denota suavidad.

Los diez mandamientos fueron dichos en lenguaje que denota severidad. El hecho de que los mandamientos sean diez, nos enseña que sobre ellos se mantiene el mundo que fue creado mediante diez pronunciaciones. Por tal razón, al cumplir los diez mandamientos, se consigue además, extraer la energía espiritual de las diez esferas que constituyen la base del mundo. (Kli Yakar)

XXII
ESFERAS ESPIRITUALES, PRONUNCIACIONES Y MANDAMIENTOS

En el capítulo anterior vimos detalles relevantes sobre el origen del universo. Observamos cómo se formaron las diez esferas espirituales que dieron origen al concepto de espacio, lugar y tiempo y los pormenores de las diez pronunciaciones, mediante las cuales Dios creó todo lo existente. Y por último vimos el efecto que producen los diez mandamientos. Es decir, mediante el cumplimiento de los mismos el mundo se mantiene, y a través de ellos es posible también extraer la energía espiritual de las diez esferas, pudiéndose así elevar todo lo material a un plano espiritual superior. Tras este estudio, citamos la gran enseñanza que resulta de todo esto. La expuso el sabio Shlomo Efraim ben Rabí Aharon, autor del libro *Kli Yakar*, y a través de ella se enlazan estos tres conceptos citados (10 esferas, 10 pronunciaciones, 10 mandamientos).

La enseñanza a la que nos referimos es ésta: «El hecho de que los mandamientos sean diez, nos enseña que sobre ellos se mantiene el mundo que fue creado mediante diez pronunciaciones. Por eso al cumplir los diez mandamientos, se consigue además, extraer la energía espiritual de las diez esferas que constituyen la base del mundo».

Después de haber contemplado este estudio tan importante, el cual proporciona tanta luz al mundo, sería interesante confirmar que también ello consta en la primera letra del Pentateuco.

El motivo por el cual nos dedicaremos a hallar este dato es por lo que dijimos en capítulos anteriores, es decir, que una letra de las utilizadas por Dios para crear el universo, contiene los datos referentes a nuestro Creador, y también información de toda la creación.

Por lo tanto, para comprobar esto (la evidencia de las diez esferas espirituales, las diez pronunciaciones que dieron origen al universo, y los diez mandamientos en el interior de la letra *Bet*), comenzaremos por el tema más cercano a nuestro poder de captación humano y racional, es decir, las pronunciaciones, ya que una pronunciación es más tangible para nosotros que las esferas espirituales.

Para apreciar que las pronunciaciones que dieron origen al universo, como así las pronunciaciones de los diez mandamientos se encuentran en la letra *Bet*, la primera que aparece en el Pentateuco, pasaremos a conocer algunos detalles adicionales y básicos de esta letra que no mencionamos hasta el momento.

LOS DETALLES DE LA LETRA *Bet*

La letra *Bet* tiene esta forma ב.

Como vemos, la letra *Bet* está formada por una línea horizontal superior, una línea vertical y una línea horizontal inferior. Además, observamos que en la parte inferior derecha de la letra *Bet* sobresale una especie de talón. Veamos ahora qué ocurre al desarmar la letra *Bet*.

Al desarmar la letra *Bet*, apreciamos que el cuerpo de la misma está formado por una letra *Dalet* metida en la garganta de una letra *Vav*. (Mishná Berurá Oraj Jaim 36)

Referente a esta fragmentación del cuerpo de la letra *Bet*, encontramos algo muy interesante en el libro *Pardés Rimonim* escrito por el famoso sabio cabalista Rabí Moshé Kordovero. Allí se suman los valores de estas dos letras que constituyen el cuerpo de la letra *Bet*, y luego se extraen de ese producto explicaciones muy interesantes.

LA SUMA DE LOS VALORES

Dijimos que el cuerpo de la letra *Bet* está formado por una letra *Dalet* y una letra *Vav*.

El valor numérico de *Dalet* es 4.

$$ד = 4$$

El valor numérico de *Vav* es 6.

$$ו = 6$$

Sumando estos dos valores resulta:

$$
\begin{aligned}
ד &= 4 \\
ו &= \underline{6} \\
&\ 10
\end{aligned}
$$

El valor obtenido es 10.

Recordamos ahora que también 10 es la cantidad de pronunciaciones que dieron origen al universo. Por lo tanto, debemos decir que hemos hallado un indicio de las diez pronunciaciones que dieron origen al universo, en el interior de la letra *Bet*.

Rumbo hacia los diez mandamientos

Ahora que hemos hallado un indicio de las diez pronunciaciones que dieron origen al universo, recordamos lo que mencionamos arriba: «El hecho de que los mandamientos sean diez, nos enseña que sobre ellos se mantiene el mundo que fue creado mediante diez pronunciaciones».

Contemplamos una relación directa y estrecha entre las diez pronunciaciones que dieron origen al mundo, y los diez mandamientos. Por eso, deseamos ahora saber dónde se representa en la letra *Bet* esta relación de los diez mandamientos que se unen a las diez pronunciaciones que dieron origen al universo.

La búsqueda

Para hallar este dato, debemos regresar al análisis que recientemente hicimos del cuerpo de la letra *Bet*. En el citado análisis habíamos separado el cuerpo de la letra *Bet* en dos partes, tras lo cual obtuvimos una letra *Dalet* metida en la garganta de una letra *Vav*.

Luego, sumamos los valores de las letras *Dalet*, y *Vav* (4 + 6), y nos arrojó un resultado igual a 10.

A partir de este resultado decimos que el valor del cuerpo de la letra *Bet* descompuesto es igual a 10.

O sea, en síntesis nos queda que: cuerpo de *Bet* = 10.

Simplificación

Tomamos el valor 10 y buscamos la letra del alfabeto hebreo que representa ese valor.

Encontramos a la letra *Iod*, cuyo valor numérico es precisamente 10 (' = 10).

Por lo tanto, resulta que podemos reemplazar la suma de *Dalet* (4) + *Vav* (6) por *Iod* (10).

Resulta pues que: cuerpo de *Bet* = 10

O, lo que es lo mismo: cuerpo de *Bet* = *Iod*

AVANZAMOS EN EL ANÁLISIS

Ahora que sabemos que la suma de las letras que componen el cuerpo de la letra *Bet* es igual a 10, y que ese valor pertenece al valor de la letra *Iod*, seguiremos analizando el cuerpo de la letra *Bet* tomando directamente para ello a la letra *Iod* (que representa el producto de la suma de las letras que componen su cuerpo).

Analizaremos seguidamente la parte revelada y también la oculta de esta letra.

Iod en su forma completa se escribe así: יוד

Apreciamos que la parte revelada de la letra *Iod* que es la que se pronuncia, es «Y», pero a su vez, hay dos letras más en el nombre de la letra que no se pronuncian. Estas letras ocultas que no se pronuncian son la letra *Dalet* y la letra *Vav*.

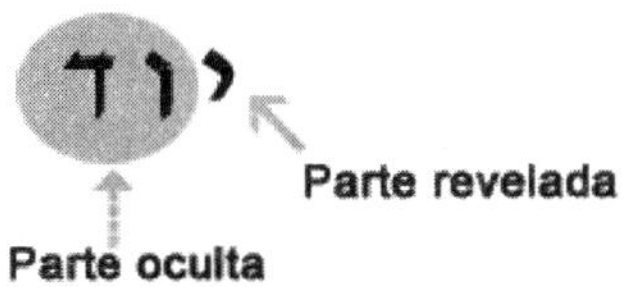

Y ya vimos que *Dalet* (4) + *Vav* (6) = *Iod* 10.

Hemos visto que la parte revelada de la letra *Iod* es igual a 10 y representa a las diez pronunciaciones que dieron origen al universo. Y la parte oculta de la letra *Iod* representa a los diez mandamientos, a través de los cuales uno se asocia a las diez pronunciaciones que dieron origen al universo, representadas en la parte revelada de la letra *Iod*.

LAS DIEZ ESFERAS

Hemos comprobado que dos de los tres ítems mencionados en el comentario de Kli Yakar (10 mandamientos – 10 pronunciaciones que originaron el mundo) se encuentran en la primera letra del Pentateuco, que es la letra *Bet*.

«El hecho de que los mandamientos sean diez, nos enseña que sobre ellos se mantiene el mundo que fue creado mediante diez pronunciaciones. Por tal razón, al cumplir los diez mandamientos, se consigue además, extraer la energía espiritual de las diez esferas que constituyen la base del mundo». (Kli Yakar)

Ahora debemos encontrar en la letra *Bet* las diez esferas que constituyen la base del mundo.

Este sistema de 10 esferas, tal como lo dijimos en el capítulo anterior, se multiplicó y volvió a multiplicar, generando paulatinamente miles y miles de sistemas similares de diez esferas interiores.

El originamiento de miles de sistemas de diez esferas cada vez más alejadas de la luz infinita, originó la creación de miles de mundos espirituales. Cada uno de estos mundos a su vez cuenta con esferas interiores independientes que se generaron a partir de las primeras, y cada esfera de cada mundo también contiene diez esferas interiores, proyectándose este sistema de conjuntos de diez esferas hasta el infinito, pero siempre dentro del hueco original que se formó, y siempre respetando la fórmula, es decir, una esfera dentro de la otra, de un modo similar a las capas de una cebolla, las cuales aparecen montadas una sobre la otra. (Daat uTebuná)

Tenemos ahora bien claro qué es lo que debemos encontrar en la primera letra del Pentateuco que es la letra *Bet*: conjuntos de diez esferas que se proyectan hasta el infinito.

EL PROCESO

Para ello tomamos los datos que ya tenemos:

1. La parte revelada de la letra *Iod* es igual a 10 y representa a las diez pronunciaciones que dieron origen al universo.

2. La parte oculta de la letra *Iod* (*Dalet* (4)+*Vav* (6)=*Iod* (10)) representa a los diez mandamientos.

O sea, esquemáticamente, esto quedaría así:

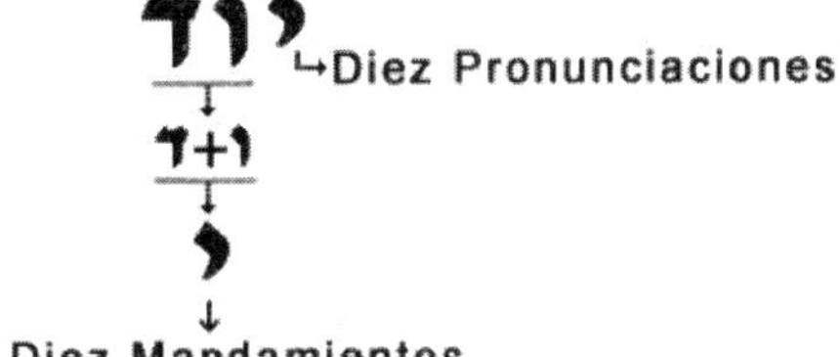

Ahora, si prestamos atención, apreciaremos que tras sumar la parte interna de la letra *Iod*, se forma una nueva *Iod*.

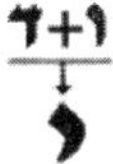

A esta nueva *Iod* que se ha formado, es posible aplicarle el mismo sistema que se aplicó a la *Iod* original (sumar su valor interno).

De esta manera, se forma una nueva *Iod* interna.

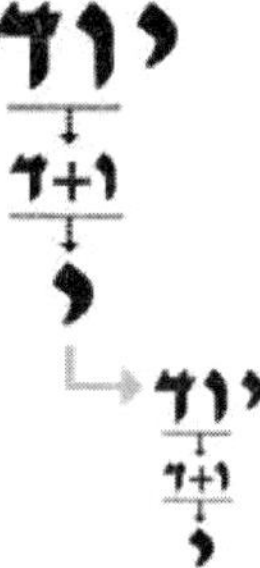

Ahora podemos aplicar a esta nueva *Iod* que se ha formado el mismo sistema y se formará una nueva *Iod*.

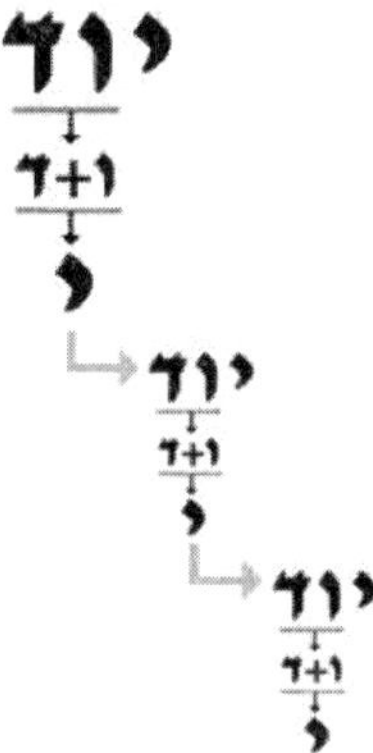

Esta operación es posible realizarla infinitas veces.

Por lo tanto, al ser que el valor numérico de *Iod* es 10, y al ser que esta letra *Iod* que equivale a 10 se multiplica infinitas veces a partir de la *Iod* original, tenemos una clara evidencia de las diez esferas espirituales que se multiplican infinitas veces a partir de las diez esferas originales.

XXIII
EL PEQUEÑO MUNDO
Y EL GRAN MUNDO

El universo fue creado por Dios sabiamente. Primero las esferas espirituales, que se formaron en el interior del hueco que Dios produjo en medio de la luz infinita, originándose así los conceptos de espacio, lugar y tiempo. Luego, las diez pronunciaciones que constan al inicio del Génesis, las cuales posibilitaron la existencia de los componentes físicos del universo. Y por último Dios entrega a los hijos de Israel los diez mandamientos para que a través de ellos sea posible conectarse a Dios y hacer Su voluntad.

A través de hacer los hombres la voluntad de Dios cumpliendo con los 10 mandamientos, eso permite que el universo que fue creado por Dios para que los hombres hagan Su voluntad, se mantenga. Además, a través de los 10 mandamientos se logra extraer la energía espiritual de las esferas espirituales para proyectarla sobre lo material o mundano, y elevar así lo mundano a un nivel superior.

El desarrollo de este proceso descrito ha sido ya estudiado por nosotros en capítulos anteriores, e incluso hemos apreciado que todo esto se encuentra indicado en la letra *Bet*, que es la primera que consta en el Pentateuco. A continuación contemplaremos, que así como todo este proceso de la creación se encuentra indicado en la letra *Bet*, también se encuentra indicado en el cuerpo humano, que es como una maqueta del mundo, es decir, «el cuerpo humano es un mundo en miniatura».

El mundo en miniatura

Para comprender la relación citada, del «mundo en miniatura» comparada al «gran mundo», primeramente debemos entender cómo es esto de que el cuerpo humano es un mundo en miniatura.

Para dilucidar este tema, citaremos lo que consta en la Mishná. Allí se explica, que en el cuerpo humano hay 248 miembros (la Mishná atribuye el nombre de miembros a las 248 estructuras óseas que hay en el cuerpo). (Tratado de Oalot 1:8)

En los libros de cábala se agrega que así como hay en el interior de la persona 248 miembros físicos, hay también 248 miembros espirituales que son parte del alma y dan vitalidad a los 248 miembros físicos. Estos miembros espirituales son en verdad la esencia de la persona, y los miembros físicos son una vestimenta sobrepuesta sobre estos miembros espirituales (Zohar Pinjas 222b)

Este concepto citado nos permite comprender que cuando hablamos de influencia espiritual, o energía extraída de las esferas espirituales, la cual se proyecta sobre un miembro específico del cuerpo, o sobre todo el cuerpo, se trata en realidad de los miembros espirituales del alma, los cuales reciben esa influencia y luego la transmiten a los miembros físicos.

El Talmud concluye: «Estos 248 miembros son en contraposición a los 248 preceptos activos de la Torá». (Tratado de Macot 23)

Por lo tanto, dada la relación directa existente entre lo espiritual y material, generada a través de los miembros del cuerpo, debemos decir que en cada uno de los miembros de su cuerpo debe el individuo hacer reinar a Dios, que es la fuente de toda vida y la fuente de la espiritualidad. Esta acción se logra a través del refinamiento de cada uno de los miembros del cuerpo, los cuales son como una lámpara (un recipiente con aceite y una mecha) para el precepto (el fuego espiritual y sagrado que enciende la lámpara).

Para lograr el objetivo de hacer reinar a Dios en su interior, deberá el individuo acondicionar cada miembro de su cuerpo, tornándolo un lugar limpio y puro, para permitir así que la presencia de El Eterno pueda habitar allí.

Por esta razón, el individuo debe eliminar de todos sus miembros todos los razonamientos y pensamientos perniciosos y sucios, pues son obstáculos que impiden que la presencia Divina entre en ese lugar. La persona debe quemar estos impedimentos a través de la realización de los preceptos Divinos, los cuales son lámparas (encendidas con fuego sagrado), que se posan sobre cada miembro para morar en ellos.

Decimos que un precepto es una lámpara, por lo que está escrito (Proverbios 6: 23): «Porque el precepto es una lámpara». De este modo, a través de la lámpara, que es el precepto, la persona elimina todo impedimento que haya en el miembro al que pertenece ese precepto, quitando del interior del mismo todo obstáculo que ose impedir el ingreso de la presencia Divina.

Asimismo, respecto al alma de la persona, también se dijo que es una lámpara, ya que está escrito (Proverbios 20: 27): «La lámpara de Dios es el alma de la persona».

Por tal razón, a través de las lámparas encendidas, que son los preceptos, la persona debe inspeccionar todo su interior, dejando al alma, que es la lámpara de Dios, totalmente limpia, y apta para que la presencia Divina se pose en ella.

Así pues, del mismo modo como el alma se encuentra en cada miembro del cuerpo, llenando todo el cuerpo, del mismo modo acontece con Dios, pero con todo el universo. Tal como está escrito (Isaias 6: 3): «(Dios) llena toda la Tierra con Su gloria».

Por lo tanto, en cualquier lugar en que la persona invoca a Dios, y derrama ante Él su plegaria, Dios le responde. A menos que uno de los miembros de este individuo presente un defecto debido a un pecado que cometió, en ese caso, la presencia de Dios no se posa en ese miembro. Y respecto a un caso así se dijo: «Todo varón que haya en él un defecto, que no se acerque».

Los miembros de la persona están distribuidos de manera equitativa en contraposición a toda la creación, cada parte del cuerpo equivale a una de las creaciones que hay en el universo, siendo el hombre una miniatura del mundo. Ésta es la razón por la cual que el hombre es llamado un «mundo en miniatura».

Por eso, quien hace reinar a Dios en todos sus miembros, es como si hiciera reinar a Dios en el mundo entero. (Reshit Jojmá Shaar Hairá 9: 2-3).

SEMEJANZA DEL UNIVERSO EN MINIATURA AL GRAN UNIVERSO

Hemos apreciado que el hombre fue creado semejante al mundo entero, pero en miniatura, incluyendo a la sabiduría que dio origen a todo lo existente, o sea, nuestra sabiduría es una miniatura de la sabiduría Divina que dio origen al mundo.

Por tal razón, debemos refinar en todo lo posible los órganos de nuestro cuerpo, haciendo gran hincapié en los órganos específicos que equivalen a la sabiduría Divina.

Esos órganos son el cerebro y el corazón, ya que los razonamientos de la persona, que constituyen su sabiduría, se originan en el cerebro y en el corazón.

Resulta, pues, que el cerebro y el corazón, que contienen un extracto de la sabiduría Divina con la que fue creado el mundo, son los generadores del pensamiento y las ideas, siendo éste el punto de contacto más relevante y estrecho entre el hombre y el Creador, el cual se expresa mediante el amor y el temor hacia Él.

AMOR Y TEMOR

De estos dos órganos citados, el cerebro y el corazón, que son los elementos más importantes del razonamiento humano, dependen las dos maneras más importantes de conexión con Dios el amor y el temor a Dios. Por eso fue dicho (Deuteronomio 29: 28):

> Los ocultos son para nuestro Dios, y los revelados son para nosotros y nuestros hijos.
>
> «Los ocultos son para nuestro Dios», en referencia al temor y el amor, que se manifiestan en el cerebro y el corazón, órganos estos que se hallan en el interior del cuerpo, y en el interior de la cabeza.
>
> «Los revelados son para nosotros y nuestros hijos», se refiere al estudio de la Torá y los preceptos, los cuales se manifiestan en el exterior de la cabeza y el cuerpo.

El fundamento de esto que hemos dicho se basa en que si la persona siente temor del Todopoderoso, o amor por Él, es algo totalmente oculto a los ojos de las personas, al ser algo revelado solamente entre él y el Todopoderoso.

Sin embargo, una persona que se ocupa en estudiar la Torá y realiza los preceptos activos, es algo revelado ante todas las personas. Esto se debe a que Dios hizo la boca del ser humano en el exterior del rostro, en forma revelada, para que se pueda ocupar de la Torá. Y los ojos también revelados para que pueda mirar las letras de la Torá, asimismo los oídos, para que pueda escuchar las palabras de la Torá que son pronunciadas. De la misma manera, Dios hizo a la persona manos, pies, y un cuerpo, para que se valga de ellos para realizar los preceptos activos de la Torá. (Reshit Jojmá Shaar Kedushá 6: 2)

Correspondencia del temor
y el amor con el nombre de Dios

Dijimos que el vínculo que se manifiesta entre nosotros y Dios a través del amor y el temor por Él, es algo que se origina en el cerebro y el corazón, siendo ello algo que permanece oculto a las otras personas, pues es algo bien íntimo entre nosotros y Dios.

Esta manifestación de temor y amor por Dios equivale a las dos primeras letras del nombre de Dios (*Iod* y *He*).

ה - י = Temor y Amor (por Dios)

Además, estas dos letras del nombre de Dios (*Iod* y *He*) representan al padre y a la madre. Esto indica que el amor y el temor por Dios hacen las veces de padre y madre del estudio de la Torá y el cumplimiento de los preceptos

En tanto que el estudio de la Torá y el cumplimiento de los preceptos, que son actos que se revelan externamente, y son posibles por causa de nuestro temor y amor por Dios, equivalen a las letras finales del nombre de Dios (*Vav* y *He*).

ה - ו = Torá y Preceptos

Estas dos letras del nombre de Dios (*Vav* y *He*) representan al hijo y a la hija del padre y la madre. (Reshit Jojmá Shaar Kedushá 6: 2)

El esquema en el cuerpo humano

Este esquema mencionado está perfectamente representado en nuestro cuerpo. Ya que los dos principales órganos de nuestro cuerpo que nos comunican con Dios, representan, el cerebro, a la conexión superior, y el corazón al sistema integral de funcionamiento de nuestro cuerpo.

Decimos esto porque el corazón está en el centro del cuerpo y todos los demás órganos en su derredor. El corazón proporciona fuerza y energía a todos los órganos del cuerpo, los cuales imperiosamente deben acudir a él para recibir el alimento necesario para seguir funcionando. Mientras que el corazón mismo, el proveedor de sustento a todos los órganos del cuerpo, debe obtener su propio sustento del cerebro, con el cual debe comunicarse para recibir órdenes y saber cómo actuar en cada circunstancia. Este sistema es una miniatura de la creación del universo. (Reshit Jojmá Shaar Kedushá 7: 2)

Esta relación que se produce entre el corazón que se encuentra en el centro del cuerpo y el cerebro que se encuentra en la cima del cuerpo, es una pequeña muestra de cómo funciona la relación entre los seres humanos, que se encuentran en el mundo, con Dios que se encuentra en las alturas.

La relación citada, entre el corazón que va en busca de las emanaciones de la sabiduría del cerebro, la cual recibe gratamente, se asemeja a una gota de agua que desciende (por ejemplo una gota de lluvia), y salen a su encuentro dos gotas de entre las aguas que se encuentran ya depositadas en la tierra.

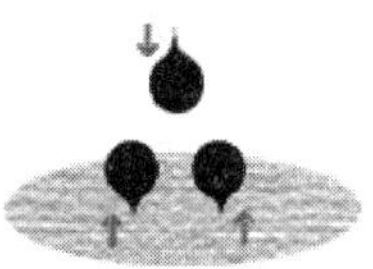

La gota que desciende representa al pensamiento originado en el cerebro, el cual desciende en dirección hacia el corazón, del que salen para recibirlo dos gotas, que son la facultad de la imaginación y la facultad del recuerdo, que se encuentran en el corazón.

O sea, el impulso cerebral desciende y despierta en el corazón el recuerdo y la imaginación referente a la idea emitida. De esta manera se completa el pensamiento que es elaborado conjuntamente por el cerebro y el corazón.

ESTE SISTEMA EN LA PRIMERA LETRA DEL PENTATEUCO

Después de haber apreciado el sistema de la creación representado en nuestro cuerpo a través de las tres gotas de agua, (una que desciende y dos que ascienden a recibir al afluente que desciende), en referencia al cerebro y el corazón, que conforman un sistema semejante al vigente en el sistema del universo (donde Dios hace descender Su afluente de abundancia y las creaciones salen a recibirlo), sería propicio que contempláramos también este dato en el interior de la primera letra del Pentateuco. Y nos basamos en lo que dijimos en capítulos anteriores: que en primera letra del Pentateuco se encuentra la información de nuestro Creador y también los sucesos de la creación.

Para ello acudimos nuevamente al famoso libro de cábala llamado *El Zohar*, allí en la sección Pinjas 247 b, consta que estas tres facultades del pensamiento de la persona, existentes en el cerebro y el corazón equivalen a las tres letras *Iod* del nombre de Dios. (La letra *Iod* tiene una forma muy similar a una gota de agua)

El nombre de Dios al que se refiere el texto es Su nombre El Eterno, pero en forma extendida, o desarrollada.

Para comprender los detalles del nombre de Dios (que se pronuncia El Eterno), en forma extendida o desarrollada, comenzaremos por mencionar que el nombre El Eterno se escribe así.

ה - ו - ה - י

Ahora bien, cada una de estas letras que componen este nombre tiene un nombre completo. Por ejemplo, en español tenemos la letra «efe», el cual es su nombre completo. Aunque cuando uno escribe la letra «efe» en medio de una palabra, no coloca este nombre completo, sino solamente la parte audible de la letra, que es «f».

El nombre de Dios extendido o desarrollado consiste en escribirlo con las letras completas. Sólo que, tal como lo adelantamos, existen algunas variantes de cómo escribir esas letras.

Detalle de las letras del nombre de Dios

Éste es el detalle del nombre completo de las letras que componen el nombre de Dios.

La letra *Iod* en su forma completa siempre se escribe así:

$$\text{ד - ו - י}$$

La letra *He* (que se repite dos veces en el nombre de Dios) en su forma completa se escribe de estas tres maneras posibles:

$$\text{ה - א}$$

$$\text{ה - ה}$$

$$\text{ה - י}$$

La letra *Vav* en su forma completa se escribe de estas tres maneras posibles:

$$\text{ו - ו}$$

$$\text{ו - או}$$

$$\text{ו - יו}$$

De acuerdo a las enseñanzas de nuestros sabios, basadas en profundos principios de la cábala, existen cuatro formas posibles de escribir el nombre de Dios valiéndose de estas letras completas. Estas cuatro combinaciones encierran profundos secretos, entre otras cosas, de la creación del universo.

Éste es el detalle de esas cuatro variantes:

Primera variante del nombre de Dios extendido:

י-ו-ד / ה-א / ו-א-ו / ה-א

Segunda variante del nombre de Dios extendido:

י-ו-ד / ה-ה / ו-ו / ה-ה

Tercera variante del nombre de Dios extendido:

י-ו-ד / ה-י / ו-א-ו / ה-י

Cuarta variante del nombre de Dios extendido:

י-ו-ד / ה-י / ו-י-ו / ה-י

Si apreciamos la estructura de la tercera variante, comprobaremos que en la misma hay tres letras *Iod*.

י-ו-ד / ה-י / ו-א-ו / ה-י

Son las tres letras *Iod* a las que se refirieron nuestros sabios en contraposición a las tres facultades de la persona (pensamiento, imaginación y recuerdo), que se encuentran en el cerebro y el corazón.

CONCLUSIÓN

El sistema de la creación que se representa en nuestro cuerpo a través de las tres gotas de agua, (una que desciende y dos que ascienden a recibir al afluente que desciende), en referencia al cerebro y el corazón, que conforman un sistema semejante al vigente en el sistema del universo (donde Dios hace descender Su afluente de abundancia y las creaciones salen a recibirlo), está indicado en el nombre de Dios extendido.

Este nombre de Dios extendido es, tal como lo explicamos, la extensión del nombre El Eterno. Y, como en capítulos anteriores ya nos encargamos de comprobar que el nombre de Dios El Eterno está incluido dentro de la primera letra del Pentateuco, aseveramos que el sistema de la creación que está representado en nuestro cuerpo, también está implícito en el interior de la primera letra del Pentateuco.

XXIV
COMPATIBILIDAD
ENTRE EL CORAZÓN
Y EL NOMBRE DE DIOS

En el capítulo anterior vimos cómo el sistema de la creación representado en nuestro cuerpo a través de las tres fuerzas, que provienen del cerebro y el corazón, conforman un sistema semejante al vigente en el universo, y el mismo está indicado en el nombre de Dios extendido, y también en la primera letra del Pentateuco.

Ahora que hemos llegado a esta conclusión, pasaremos a apreciar la extraordinaria compatibilidad existente entre el «corazón», que es el órgano del cual provienen las dos fuerzas que reciben el pensamiento originado en el cerebro, y el nombre de Dios.

Corazón, en su original en hebreo se escribe así ב - ל .

Estas dos letras que componen la palabra *leb*, que significa corazón, son a su vez, la primera y la última letra que aparece en el Pentateuco.

Decimos esto porque el Pentateuco comienza con la palabra *Bereshit* que significa «en principio».

בראשית

Apreciamos que la primera letra del Pentateuco es *Bet* (ב).
La última palabra que aparece en el Pentateuco es Israel.

ישראל

Apreciamos que la última letra del Pentateuco es *Lamed* (ל).

O sea, la primera letra del Pentateuco, que marca el comienzo del mismo, y la última letra del Pentateuco, que marca el final del mismo, en conjunto forman la palabra *leb*, que significa corazón.

Veremos ahora la extraordinaria compatibilidad entre este corazón y el nombre de Dios.

LA COMPATIBILIDAD

Tomamos en primer lugar la letra *Bet* de la palabra *leb* (corazón), que es la misma con la que comienza el Pentateuco, y cotejamos la compatibilidad de la misma con el nombre de Dios.

Para ello aproximamos cualquiera de las letras que forman el nombre de Dios a la letra *Bet*, y apreciamos que se forma una palabra a través de esa unión.

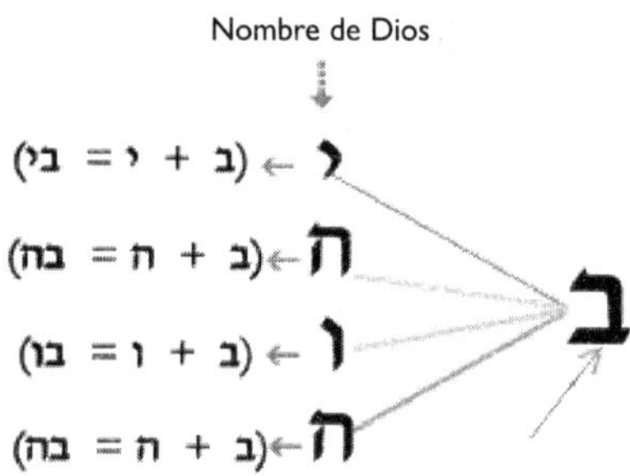

Éste es el detalle final de cada palabra que se ha formado, su modo de pronunciación y su traducción:

Traducción		Fonética		Hebreo
en mí	=	(*Bi*)	=	בי
en ella	=	(*Bah*)	=	בה
en él	=	(*Bo*)	=	בו
en ella	=	(*Bah*)	=	בה

Lo mismo acontece si aproximamos cualquiera de las letras que forman el nombre de Dios a la letra *Lamed*, apreciamos que se forma a través de esa unión una palabra.

Traducción		Fonética		Hebreo
para mí	=	(*li*)	=	לי
para ella	=	(*lah*)	=	לה
para él	=	(*lo*)	=	לו
para ella	=	(*lah*)	=	לה

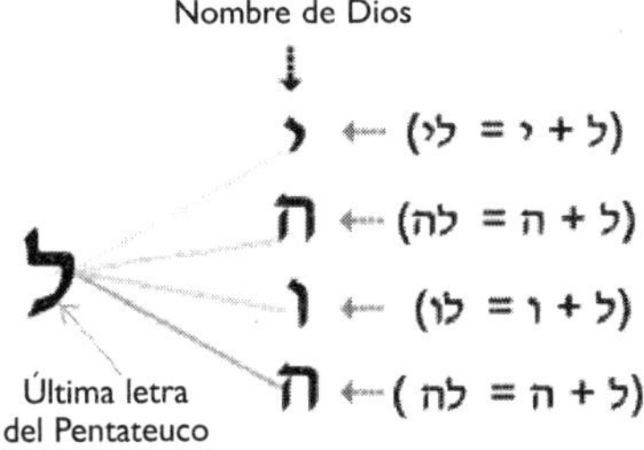

Este fenómeno de compatibilidad absoluta entre las letras *Bet* y *Lamed* con el nombre de Dios, no ocurre con las demás letras del alfabeto hebreo. Pues si aproximamos las letras del nombre de Dios a cualquier otra letra, apreciaremos que en algunos casos se forman palabras y en otros no. Jamás acontece con las demás letras del abecedario hebreo que se forman palabras entre esa letra y todas las letras del nombre de Dios. (Kli Yakar)

CONCLUSIÓN

Al ser el corazón de la Torá totalmente compatible con el nombre de Dios, debemos intentar con todas nuestras fuerzas ingresar a nuestro corazón de carne, este corazón espiritual de la Torá, para que nuestro corazón de carne sea también totalmente compatible con el nombre de Dios, y de esta manera la manifestación de El Eterno pueda habitar y reinar en nosotros.

Esta tarea de hacer ingresar el corazón espiritual que es la Torá a nuestro propio corazón se logrará estudiándola conjuntamente con sus explicaciones. Nos referimos a la Mishná, que es la explicación del Pentateuco. (La Mishná a su vez tiene su propia explicación llamada Guemará, que en conjunto con la Mishná conforman el Talmud, y será éste un tema que tocaremos más adelante)

Esta necesidad de estudiar la Mishná para alcanzar la profundidad de la Torá escrita es algo que está implícito de manera asombrosa en la primera letra del Pentateuco, que tantas revelaciones nos ha aportado hasta el momento.

Esta primera letra del Pentateuco, la letra *Bet*, nos demostrará que, así como el corazón humano es el órgano central del cuerpo, y está rodeado por todos los demás órganos que reciben su alimento de él, de igual manera sucede con la Torá escrita, que es el corazón de la Torá oral, la cual rodea a la Torá escrita para nutrirse de ella y poder extraer explicaciones asombrosas a partir de sus versículos.

El corazón de la Torá escrita

Para poder comprobar este dato, acudimos a las leyes que estipulan cómo deben escribirse las diferentes letras de la Torá. Encontramos allí a la letra *Pe:*

Letra *Pe*

Acerca de esta letra, *Pe*, consta explícitamente que debe contener en su interior, en la parte blanca de la letra, la forma de la letra *Bet*. (Mishná Brurá cap. 36)

Letra *Bet* ⟶ 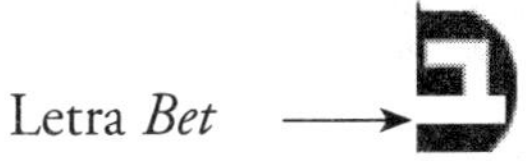

La letra *Pe* con la letra *Bet* en su interior. Vemos claramente como la letra *Bet* es el corazón de la letra *Pe*.

ANÁLISIS

Veamos ahora qué representa esta letra *Bet* rodeada por el cuerpo de la letra *Pe*, y también cómo acontece que el cuerpo mismo de la letra *Pe* se encuentre en el interior de la letra *Bet*.

La letra *Bet*, tal como dijimos, posee en su interior la esencia de todas las palabras y también de todas las demás letras que hay escritas en el Pentateuco como así también la esencia del nombre del Todopoderoso.

Una de las formas en la cual la letra *Pe* está contenida en la letra *Bet* la mencionamos en el comienzo de esta obra. Es porque *Pe* se origina en el mismo sector de la boca que la letra *Bet*, en los labios. Por eso, resulta que es perfectamente reemplazable *Bet* por *Pe*. Debido a ello, en muchas ocasiones encontramos palabras escritas indistintamente con *Bet* o *Pe*.

Por ejemplo, en la Mishná, incluso en un mismo tratado, encontramos la palabra *evker* –objeto abandonado– a veces con *Bet* y a veces con *Pe*.

En el tratado de Peá, capítulo 4, Mishná 9, consta: *ela im ken Ifkir* (a no ser que lo declaró abandonado).

Aparece el verbo *Efker* (en su forma de conjugación *ifkir*) con *Pe*:

הפקיר

En el mismo tratado, en el capítulo 6, Mishná 1, consta: *Evker laaniim* (lo abandonado para los pobres...).
Aparece la palabra *Evker* con *Bet*

הבקר

ACLARACIÓN

La mencionada no es la única manera de hallar relación directa entre las letras *Bet* y *Pe*, o *Bet* y todas las demás. Esta situación que hemos mencionado se encuentra representada también en el cuerpo mismo del Pentateuco, pues han sido contabilizadas un total de 79.976 palabras y 304.805 letras en todo el Pentateuco.

Tomando como base estos resultados, procederemos a buscar su valor raíz reduciendo estos números al máximo posible. Para ello sumamos los valores que lo componen entre sí, hasta obtener un solo dígito. Esta operación es conocida como «cálculo del *Mispar Katan*», es decir, «proceso de obtención del número menor».

Tomamos primeramente la cantidad total de palabras que hay en todo el Pentateuco, o sea, 79.976.

Sumamos entonces entre sí los valores de 79976

$$79976 = 7 + 9 + 9 + 7 + 6$$
$$7 + 9 + 9 + 7 + 6 = 38$$
$$38 = 3 + 8$$
$$3 + 8 = 11$$
$$11 = 1 + 1$$
$$1 + 1 = 2$$

Decimos entonces, que el *Mispar Katán* (número menor) de 79976 es 2

Y también el valor numérico de la primera letra del Pentateuco, que es la letra *Bet,* es 2:

$$ \beth \ = \ 2 $$

Resulta que la primera letra del Pentateuco contiene a todas las palabras que constan en el mismo.

Realicemos ahora este mismo cálculo con la cantidad total de letras que hay en el Pentateuco.

En el Pentateuco hay un total de 304.805 letras.

Sumamos entonces entre sí los valores de 304805 para calcular el *Mispar Katán.*

$$ 304805 = 3 + 0 + 4 + 8 + 0 + 5 $$
$$ 3 + 0 + 4 + 8 + 0 + 5 = 20 $$
$$ 20 = 2 + 0 $$
$$ 2 + 0 = 2 $$

Resulta que el *Mispar Katán* (número menor) de 304.805 es 2

Y también el valor numérico de la primera letra del Pentateuco, que es la letra *Bet,* es 2:

$$ \beth \ = \ 2 $$

Decimos entonces que la primera letra del Pentateuco contiene a todas las letras que constan en el Pentateuco, en las que por su puesto se incluye la letra *Pe.* Por lo tanto, al coincidir el resultado de la suma de todos los valores del total de palabras y letras que hay en todo el Pentateuco con el valor atribuido a la letra *Bet,* debemos reconocer que en la letra *Bet* están incluidas todas las palabras y letras que hay en la Torá.

Analizando el corazón de la letra *Pe*

Anteriormente tuvimos la oportunidad de apreciar que la letra *Bet* (que contiene todo el Pentateuco) es el corazón de la letra *Pe*.

Esta letra *Pe*, según la tabla de valores de las letras hebreas, tiene un valor numérico igual a 80.

$$\mathbf{פ} \;=\; 80$$

Veamos ahora qué es lo que este valor 80 representa.

Dijimos unos renglones más arriba que, así como el corazón humano es el órgano central del cuerpo, y está rodeado por todos los demás órganos que reciben el alimento de él, lo mismo acontece con la Torá escrita, que es el corazón de la Torá oral, la cual rodea a la Torá escrita para nutrirse de ella y poder extraer explicaciones asombrosas a partir de sus versículos.

También dijimos que, al ser el corazón de la Torá totalmente compatible con el nombre de Dios, debemos intentar con todas nuestras fuerzas ingresar a nuestro corazón de carne, este corazón espiritual de la Torá, para que nuestro corazón de carne sea también totalmente compatible con el nombre de Dios, y de esta manera la manifestación de El Eterno pueda habitar y reinar en nosotros.

Esta tarea de hacer ingresar el corazón espiritual que es la Torá a nuestro propio corazón se logrará estudiándola conjuntamente con sus explicaciones. Nos referimos a la Mishná, que es la explicación de la Torá escrita.

La Mishná, es un compendio de sesenta tratados que contiene un resumen de toda la explicación oral que se enseñó acerca del Pentateuco, siendo la primera palabra que consta en la Mishná *Meimatai*, que significa «desde cuando», en referencia al tiempo de inicio para el recitado de la alabanza «Shemá Israel».

מאימתי

Apreciamos que la primera letra de la palabra *Meimatai* es *Mem*: מ.

Por lo tanto, decimos que la Mishná comienza con la letra *Mem*. Veamos ahora acerca del final de la Mishná.

La última palabra que encontramos en los tratados de la Mishná es *Shalom*, que significa «paz».

שלום

Apreciamos que la última letra de la palabra *Shalom* es *Mem* (*Mem* final) ם.

Por lo tanto, decimos que la Mishná finaliza con la letra *Mem*.

Resulta que la Mishná comienza y finaliza con la letra *Mem*.

Vemos ahora el valor numérico de la letra *Mem*. Constatamos su valor en la tabla de valores de las letras hebreas y obtenemos que la letra *Mem* = 40.

$$מ \ = \ 40$$

Por lo tanto, dado que la Mishná comienza con *Mem* y culmina con *Mem*, resulta que la suma de estas dos letras arroja un resultado de 80.

$$40 + 40 = 80$$

O lo que es lo mismo:

$$מ \ + \ מ \ = \ פ$$

Es decir, la letra *Pe* cuya estructura corporal que rodea a la letra *Bet*, su corazón, representa a la Mishná, desde el principio, hasta el final, que se nutre de su corazón, la letra *Bet*. (En el libro Ben Yoyiadá al principio del tratado de Berajot, se cita la combinación de las dos letras *Mem* aquí mencionadas, aunque allí el autor toma un rumbo diferente en la disertación).

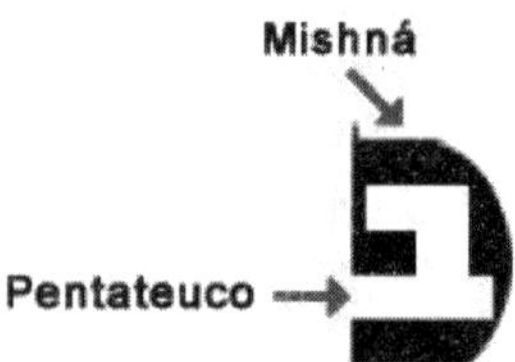

TAMBIÉN...

La letra *Bet* contiene en su interior, y en forma comprimida, al nombre de Dios El Eterno –tal como lo vimos en capítulos anteriores–, en relación con el Pentateuco, que contiene las leyes en forma comprimida. Pero la letra *Pe* que representa la Mishná, o sea, la explicación de estas leyes comprimidas, contiene en su estructura corporal el nombre de Dios en forma revelada.

Para comprobarlo, sólo observemos la estructura de la letra *Pe*, a la cual desarmamos para apreciar mejor lo mencionado.

Apreciamos que el cuerpo de la letra *Pe* está formado por las letras *Vav* y *Caf.*

El valor de la letra *Caf* según la tabla de valores de las letras hebreas es 20, y el valor de *Vav* es 6. Sumamos estos valores y resulta:

$$20 + 6 = 26$$

Las letras que componen el cuerpo de la letra *Pe* suman 26, igual al nombre de Dios El Eterno.

Ya que el nombre de Dios El Eterno se escribe así:

$$ה - ו - ה - י$$

El valor de las letras que lo componen es:

Iod = 10
He = 5
Vav = 6
He = 5

Sumamos estos valores y resulta:

$$10 + 5 + 6 + 5 = 26$$

O sea, el cuerpo de la letra *Pe*, contiene el valor del nombre de Dios El Eterno en forma explícita.

Tenemos por lo tanto, en la Torá escrita, un corazón lleno del nombre de Dios listo para incorporar a nuestro propio corazón a través del estudio de la misma. Por lo tanto, el tema inmediato que debemos abordar es el de la Torá escrita y su respectiva explicación, para saber concretamente cómo ingresarla a nuestro interior de manera apropiada, y ése será el tema de nuestro próximo capítulo.

XXV
LA MISHNÁ Y EL TALMUD

El Talmud se divide en dos partes:

Mishná
La explicación de la misma (conocida como *Guemará*).

La Mishná, es la llamada Torá oral y contiene los fundamentos de la Torá que se enseñaron oralmente desde Moshé hasta Rabí Iehuda Hanasí, quien la escribió para que estuviera entre el pueblo por largo tiempo, para que no fuera olvidada del corazón de los que la leen y así no se perdiera.

Este compendio (la Mishná), a su vez, se subdivide en dos partes:

La ley establecida para ser aplicada,
La ley que fue desplazada por el tribunal y no será aplicada.

Además, fueron transcritas las divergencias entre los sabios, tanto las opiniones que dan origen a la ley que será establecida, como las opiniones que serán rechazadas y otros comentarios.

Ahora bien, el motivo de estos añadidos es por si alguien llegase a preguntar ¿para qué escribió Rabí Iehuda Hanasí cosas adicionales, cuando hubiera sido lo más indicado escribir sólo las sentencias finales de la ley?

En ese caso, a este individuo se le podrá responder que cada uno de los sabios de antaño, almacenó en su mente todo lo que estudió, ya sea la sentencia final de la ley, como también las cosas que no corresponden precisamente a la sentencia final pero fueron enseñadas por sus maestros. Y cuando Rabí Iehuda Hanasí compiló los tratados de la Mishná, se vio urgido a escribir también aquellas cosas adicionales que no corresponden a la sentencia final de la ley, para que no haya permiso a aquel que estudió de ellos (de los que dijeron esas cosas que no fueron sentenciadas como ley) de decir: «así y así estudié de fulano».

De todos modos, si llegase a ocurrir que aquel individuo que estudió la ley proveniente de un rabino, cuya sentencia no fue aceptada por el tribunal para ser legislada como ley, en ese caso se le podrá responder que no es esa una ley que fue aceptada por el tribunal.

Algo que también tiene cierto vínculo con este tema fue mencionado en el tratado talmúdico de *Eduiot* (Testimonios) capítulo 1: ¿Para qué fueron recordadas las palabras de personas individuales entre las del conjunto?

Para que si viniese uno y dijese: «así y así escuché» se le podrá responder: «Es verdad, pero esas palabras corresponden a tal sabio específico y por consiguiente, es una ley que no ha sido aceptada» (ya que una discusión entre uno contra muchos, la ley se establece según la opinión de esos muchos).

En ciertas ocasiones encontraremos una Mishná que se contradice con otra. Esto se debe, a que Rabí Iehuda Hanasí, en principio, consideró que tal ley debía ser establecida como la opinión de uno de los sabios, pero luego se retractó y cambió de opinión, y sostiene ahora, que la ley debe ser establecida como la sentencia dictaminada por otro sabio. Pero debido a que ya se había propagado en las casas de estudio la Mishná que fue enseñada según la primera sentencia dicha por Rabí Iehuda, y era imposible hacer olvidar de los alumnos la primera Mishná, quedan vigentes ambas, pero debemos tener en cuenta, que la última es la que se tomará para establecer la ley, ya que representa la idea definitiva de Rabí Iehuda.

Más datos de la estructura de la Mishná y el Talmud

Mishná proviene del lenguaje *mishné le melej*, o sea «segundo del rey», ya que la Torá escrita es el rey, y la oral el virrey. Y también Mishná viene de la expresión *shoné* cuya raíz proviene del vocablo «estudiar» (Como está escrito en la sección de la Torá Deuteronomio 6: 7: *veshinantam lebaneja* – esto es: «enseñarás a tus hijos»).

Los sabios que participan en los tratados de la Mishná como autores de su contenido se llaman *Tanaim*, porque *Taná* también se refiere a estudiar, sólo que Mishná está en hebreo, la Lengua Sagrada, mientras *Taná* es en arameo, la lengua hablada en ese entonces por el pueblo que se hallaba exiliado en Babilonia. Los *Tanaim* estudiaban y enseñaban la Mishná, y todo era de memoria, ya que estaba prohibido transcribir la Torá oral, pero al ver que la gente se esparcía por la diáspora y ya se vislumbraba que la iban a olvidar (a la Torá oral), decidieron escribirla.

Rabí Iehuda tomó sobre sí la ardua tarea de compilar la Mishná y diagramarla en los sesenta tratados que nosotros conocemos. Ya que en sus manos había originalmente seiscientos órdenes de tratados que resumió en la cantidad que mencionamos, como consta en el tratado talmúdico de Jaguigá.

Rabi Iehuda los condensó en la cantidad que dijimos y, a partir de allí, ya nadie tiene derecho a agregar o disminuir, sólo se la puede interpretar. Por tal razón cuando se decidió escribir la explicación de la Mishná, que se llama Guemará, obra compilada por Rabina y Rab Ashe, aquellos eruditos que figuran como autores de las distintas opiniones que explican a la Mishná, reciben el nombre de *Amoraim* , ya que *Amorá* significa «intérprete», y como dijimos arriba, por ese motivo cuando se transcribió la Mishná, ya no se permitiría a partir de ese momento sino solamente la interpretación de su contenido.

Debemos saber además que Rab Ashe, cuando escribió la explicación de la Mishná, es decir, la Guemará, tomó en cuenta cuatro cosas:

- ✓ Explicar todos los motivos de la Mishná.
- ✓ Publicar la sentencia final de la ley que salió de boca de los *Tanaim* y *Amoraim*.
- ✓ Incluir los decretos y sentencias que salieron después del deceso de Rabí Iehuda.
- ✓ Incluir selecciones de disertaciones de los sabios y *agadot* (estudios y relatos recibidos por tradición), que son de mucha utilidad.

También es propicio que tengamos conocimiento acerca de cómo compiló Rab Ashe la Guemará, porque podríamos pensar que lo que le pareció bien ante sus ojos escribía. Sepamos que no fue así, ya que había un Tribunal Supremo (*Beit Din Hagadol*), y allí los sabios discutían sobre las distintas preguntas que se formulaban basadas en la Mishná, y daban su veredicto.

Rab Ashe tomó esos veredictos y lo que escribió fue con la autorización previa del Tribunal Supremo, y si ocurriese que los integrantes del citado tribunal no estuviesen de acuerdo en algo, Rab Ashe no lo podría escribir. Y cuando a Rab Ashe le parecía que la interpretación de tal sentencia era de cierta manera, y la proponía delante del Tribunal Supremo, y estos no compartían esa idea, no podía escribir tal cosa y debía copiar la sentencia tal cual se dictaminaba. (Recordemos que Rab Ashe era *Amorá*)

Marimar y Mor hijo de Rab Ashe declararon que los sabios culminaron la Guemará en el año 4265 desde la creación del mundo (año 505 de la era común). Ochenta años pasaron desde que comenzaron a compilar la Guemará hasta que la concluyeron. Además, desde que se escribió la Mishná hasta la finalización de la Guemará transcurrieron trescientos y un años.

(Comentario basado en Kitzur Clalei HaMishná que se encuentra en «Mabo Hatalmud» en la Guemará: Berajot).

EL TALMUD EN EL INICIO DEL PENTATEUCO

Ahora que hemos alcanzado un conocimiento global de la estructura del Talmud el cual debemos estudiar para ingresar dentro de nuestro corazón al corazón de la Torá, sería interesante apreciar que también el Talmud, comprendido por la Mishná y la Guemará, se encuentran implícitos en la primera palabra del Pentateuco. Esta deducción nos será útil para corroborar también a través de este tema lo que dijimos al principio de este libro: «el principio de Sus palabras alumbrará».

Para comenzar nuestra deducción, recordemos que la primera palabra del Pentateuco es *Bereshit*.

בראשית

Separamos esta palabra en dos partes y nos queda *Bara Shit*.

ברא שית

Bara Shit significa «Creó seis», en mención a los seis órdenes de la Mishná (la Mishná está compuesta de 6 órdenes que contienen 60 tratados).

Apreciamos que la primera palabra del Pentateuco es bien clara, y no deja lugar a dudas acerca de la inclusión de la Mishná en la primera voz que consta en el Pentateuco. Veamos ahora en esta misma palabra, acerca de la explicación de la Mishná llamada Guemará.

La Mishná, como es sabido, es la explicación de los 613 preceptos que constan en la Torá escrita, y la Guemará es la explicación de la Mishná. Por eso, decimos que estos dos datos presentan un vínculo bien estrecho entre ellos. Y no es de extrañar, que los mismos aparezcan vinculados también en la primera palabra del Pentateuco.

Veamos como es esto:

La primera palabra de la Torá es:

בראשית

En todo el Pentateuco fueron contabilizados 613 preceptos, los cuales se explican en la Torá oral. El compendio de la Torá oral se llama Guemará.

Todo esto está implícito en *Bereshit,* ya que el valor numérico de *Bereshit* es:

ב = 2
ר = 200
א = 1
ש = 300
י = 10
ת = 400
———
913

Y 913 es el mismo valor numérico de בראשית.

Con las mismas letras de la palabra se forman dos términos:

ש' תריג

El significado de esto es:

תריג

que es una sigla cuyo valor numérico es 613, y representa la cantidad de preceptos que constan en la Torá.

$$ת = 400$$
$$ר = 200$$
$$י = 10$$
$$ג = 3$$
$$\overline{}$$
$$613$$

En tanto que la letra que nos había quedado pendiente ש suma 300, y es la inicial de:

שננתם

Este término (*Shinantam*), consta en el Pentateuco (Deuteronomio 6), y significa enseñar y profundizar agudizando en el tema.

Resulta que en la primer palabra de la Torá, que es *Bereshit*, está indicado que hay que cumplir los 613 preceptos, y además enseñarlos y profundizar agudamente en ellos para comprenderlos acertadamente y en profundidad. Esto se logra a través del estudio de la Guemará (que junto a la Mishná conforman el Talmud). Explicación a Baal Haturim.

Veremos ahora que este concepto también se encuentra implícito en בראשית.

Tomemos las palabras obtenidas:

ש תריג

y convirtámoslas a At-Bash.

At Bash es un sistema de intercambio de letras que consiste en intercambiar la primera letra del abecedario por la última, la segunda por la anteúltima, la tercera por la antepenúltima, etcétera.

Ésta es la tabla de intercambio de letras en At- Bash.

א	=	ת
ב	=	ש
ג	=	ר
ד	=	ק
ה	=	צ
ו	=	פ
ז	=	ע
ח	=	ס
ט	=	נ
י	=	מ
כ	=	ל

Convertimos la palabra a At Bash y nos queda:

$$ש = ב$$

$$ת = א$$

$$ר = ג$$

$$י = מ$$

$$ג = ר$$

Tomamos las letras que hemos obtenido:

$$באגמר$$

Les cambiamos el orden, y aparece ante nuestros ojos:

בגמרא

«En la Guemará»

Esto significa que en la Guemará se encuentra la explicación de los 613 preceptos, y ello se halla implícito en la primer palabra de la Torá.

XXVI
EL PAGO POR ESTUDIAR Y APLICAR LO ESTUDIADO

El objetivo principal que debe tener todo ser humano para triunfar en la vida es ingresar en su corazón las enseñanzas de la Torá. Ello le dará fuerza, energía y motivación para emprender el desafío de cada una de las metas que se proponga alcanzar.

Este individuo, al ingresar las palabras de la Torá en su corazón, dispondrá de suficiente seguridad, motivación y ansia de lograr el éxito, móviles estos que le permitirán estar permanentemente motivado y predispuesto a fijarse y alcanzar numerosas metas a corto, mediano y largo plazo. Aunque no hay que olvidar que para lograr ingresar en el corazón la Torá (escrita), es indispensable estudiar la Mishná y la Guemará, tal como vimos en el capítulo anterior, por lo tanto, decimos que el estudio de la Mishná y la Guemará contiene la llave para alcanzar el éxito.

Este éxito le permitirá a la persona transitar los caminos que escoge con decisión, convicción y fe absolutas, lo cual lo conducirá nada más ni nada menos que a la obtención de la felicidad. Y todo esto, por hacer la voluntad de Dios, estudiando la Torá, que es la guía de vida para todo ser humano.

Pasaremos a continuación a hablar del pago que Dios otorgará a la persona, adicional a lo que ya mencionamos, por abocarse al estudio de la Torá, y la puesta en práctica del mismo a través de la realización de los preceptos que allí constan.

RAZÓN Y CAUSA

El motivo por el cual nos dedicaremos ahora, en el final de nuestra obra, a hablar del pago a recibir por estudiar la Torá y cumplir los preceptos, no es algo que se nos ocurrió imprevistamente, sin contar con bases sólidas. Lo hacemos en este momento, porque eso mismo hizo el propio compilador de la Mishná, Rabí Iehuda Hanasí, con su obra magistral, la Mishná.

La Mishná, el compendio que nos permite conocer los detalles de los preceptos para poder cumplirlos como es debido y obtener el pago correspondiente, comienza hablando de las obligaciones que el individuo tiene. Decimos esto porque las primeras palabras que aparecen en la Mishná son: «¿Desde cuándo se comienza a recitar la plegaria del Shemá Israel?».

Observamos que, en el inicio mismo, la Mishná nos habla de obligaciones y prosigue con ello a lo largo de los sesenta tratados que la componen, en los cuales se abordan los diversos temas concernientes a los preceptos, hasta llegar al final del tratado número sesenta, que es el último. En el final de este último tratado, llamado Okatzin –cabos–, la Mishná enuncia:

> Dijo Rabí Yeoshúa ben Leví: En el futuro, El Eterno, hará heredar a cada justo trescientos diez mundos, como fue dicho «para hacer heredar a mis amados hay, y los depósitos de ellos llenaré». (Proverbios 8: 21)

Ahora bien, después de este impactante anuncio de la Mishná en su culminación, uno seguramente se pregunta: ¿qué significado tienen estos trescientos diez mundos aquí anunciados como premio a los justos que hacen la voluntad de Dios y cuál es la relación de esta cifra con las palabras del versículo citado?

Rabí Ovadia de Bartenura lo explica: la palabra «hay» mencionada en el versículo tiene un valor numérico igual a 310.

La palabra «hay» en su original en hebreo se pronuncia *iesh* y se escribe así:

$$שׁ \, י = \text{hay}$$

Éste es el valor numérico de la palabra *iesh:*

$$
\begin{aligned}
י &= 10 \\
שׁ &= 300 \\
\hline
&\ 310
\end{aligned}
$$

Rabí Ovadia de Bartenura revela a continuación, en su explicación, que el pago de estos 310 mundos implica que el placer y el goce de cada justo que hace la voluntad de Dios en este mundo será en el Mundo Venidero 310 veces superior, comparándolo con el goce y placer que se puede lograr en el mundo en el que vivimos.

Por qué 310

Después de haber contemplado que para quienes hacen la voluntad de El Eterno en este mundo hay estipulado un pago 310 veces superior al goce experimentado por las personas en este mundo, pasaremos a explicar cuál es el motivo de esta cifra 310.

Una de las explicaciones dadas por los sabios es que se debe al equilibrio existente en la creación en todos los aspectos.

Para apreciar este equilibrio citado daremos un ejemplo práctico. El código de leyes estipula que si una persona infringe la ley de las santidades, alterándolas, debe abonar el capital de lo dañado, más una multa de un quinto. Este tipo de falta recibe el nombre de *meilá.*

Esta infracción llamada *meilá* consiste en alterar o modificar algo que era de la santidad, convirtiéndolo en algo común (sin santidad). (Levítico 5: 15 –Rashi– Siftei Jajamim)

En el Pentateuco, se menciona la penalidad a esta infracción de manera explícita: «Si una persona cometiere alteración (*meilá*), y pecare, sin haber tenido intención (de cometer la falta), contra las santidades de Dios, traerá su sacrificio de culpa para Dios, un carnero íntegro del ganado ovino, valorado en *shekel* (tipo de moneda) de plata, según el *shekel* del Santuario, por sacrificio de culpa. Lo que pecó contra las santidades abonará y añadirá un quinto, y lo dará al *Cohen* –sacerdote–; y el *Cohen* expiará por él con el carnero de culpabilidad y será perdonado». (Levítico 5:16 y 17)

Hemos apreciado que quien tiene provecho de las santidades, debe abonar el capital de lo alterado más un quinto.

Un caso como el mencionado puede ser el de una persona que no era *Cohen* habilitado para comer santidades, que tuvo provecho de una manzana perteneciente a las santidades del Templo Sagrado, a la cual (a través de comerla él) convirtió (a la manzana) a algo común (sin santidad). En ese caso este individuo debe abonar el precio de la manzana más un quinto.

Este quinto se calcula según el valor añadido exterior, o sea, tomando un cuarto del interior del entero, y sumándolo a ese entero.

Por ejemplo, si la manzana valía 12 *shekel*, un cuarto de su valor interior será igual a 3 *shekel*.

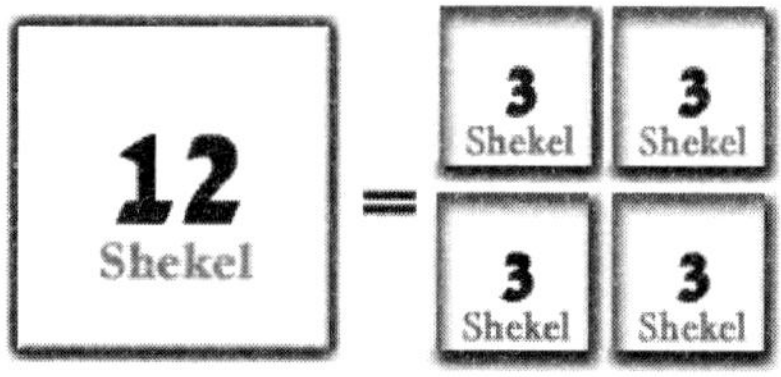

Sumamos un cuarto interior de 3 *shekel* a los cuatro cuartos originales de 3 *shekel* cada uno, y nos queda un entero de 15 *shekel*, o lo que es lo mismo, 5 quintos de 3 *shekel*.

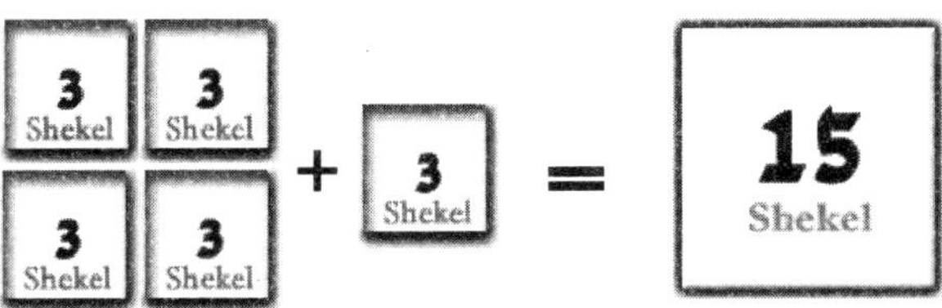

O sea, 3 representa un quinto exterior de 12.

Nos trasladamos ahora a nuestro tema antes abordado del equilibrio en todos los aspectos de la creación y reflexionamos. Si una persona infringe la ley de las santidades y tiene provecho de ellas, haciéndose por ese acto pasible a la pena de *meilá*, debiendo abonar el capital de lo dañado más un quinto, respetando las reglas de equilibrio de la creación, recíprocamente ¿no sería correcto que quien hace la voluntad de El Eterno en vez de infringir sus ordenanzas, goce de una retribución adicional de un quinto más el capital de lo invertido para hacer la voluntad de Dios?

Esta reflexión es correcta y veremos inmediatamente el detalle de la misma aplicada a la persona. Si observamos la estructura del hombre, encontramos que está compuesta de 248 miembros, a los cuales utiliza para cumplir los 248 preceptos activos de la Torá. Por lo tanto, decimos que la inversión de la persona para cumplir los preceptos son esos 248 miembros.

Si calculamos el quinto de 248, y lo sumamos al capital, que es 248, llegaremos a un resultado idéntico al expuesto por la Mishná en retribución a estudiar y cumplir la Torá.

¿Por qué decimos esto? Porque 248 + 62 = 310. Y 310 / 5 = 62.

O sea, 62 es un quinto de 248, que sumado al capital arroja un resultado de 310, siendo este valor de 310 un quinto adicional al capital que representa el potencial total que tenemos en el cuerpo para cumplir los preceptos. (Mishná Ajaroná)

Hemos visto aquí uno de los motivos trascendentales acerca del porqué de este valor 310.

OTRA RAZÓN

Asimismo, este valor 310, que representa el pago por haber estudiado y cumplido la Torá escrita y la oral en este mundo, contiene en su interior los pormenores que conducen a su obtención.

Veamos el detalle de estos pormenores:

✓ La Torá escrita (base existencial)
✓ La Mishná (explicación de la Torá escrita)
✓ La Guemará (explicación de la Mishná)

Estos tres medios básicos citados para alcanzar la Torá son considerados «madres».

Es decir, para alcanzar estos 310 mundos como retribución a estudiar y cumplir la Torá, es necesario contar con estas tres bases primordiales llamadas «madres»:

✓ *Tanaj* (Biblia) = Madre (estudio que conlleva al alcance) de la Torá escrita.
✓ *Mishná* = Madre (estudio que conlleva al alcance) de la interpretación de la Torá escrita.
✓ *Guemará* = Madre (estudio que conlleva al alcance) de la interpretación de la Mishná.

En hebreo madre, se dice *em*, y el plural de madre es *imaot*.

אם = madre
אמות = madres

Dado que para alcanzar los 310 mundos necesitamos tres madres, aplicamos la palabra madre en plural, o sea *imaot* (madres). (אמות = madres)

Breve análisis

Si observamos la palabra *imaot* (madres), apreciaremos claramente que contiene las mismas letras de la palabra *meot*.

$$\text{אמות} \times \text{מאות}$$

Meot significa «cientos»:

מאות = cientos

Y como son tres *imaot*, es decir, «tres madres», resulta que ello es igual a «tres cientos».

Es por los 300 mundos que hay para cada justo que se aboca a estudiar estas tres madres y llevar a la práctica lo estudiado.

¿Pero dijimos que son 310 los mundos, y ahora decimos 300?

Lo que sucede es que estas 3 madres (que equivalen a 300) contienen 10 ramificaciones.

Estas ramificaciones son:

✓ Prohibido y permitido
✓ Puro e impuro
✓ Apto e inepto
✓ Culpable e inocente en asuntos de dinero (asuntos entre una persona con otra)
✓ Culpable e inocente en asuntos de los preceptos (asuntos entre la persona y Dios)

O sea, tenemos aquí 10 ramificaciones de las tres madres, que sumadas al valor de las madres, hacen un conjunto global de 310. Son los 310 mundos que hay en retribución para todo aquel que estudia las tres madres (300) y sus 10 ramificaciones, y se esfuerza en llevar lo aprendido a la práctica. (Tiferet Israel)

DESDE OTRA ÓPTICA

Este desglose que realizamos para saber por qué se reciben 310 mundos por estudiar la Torá escrita más la Torá oral y cumplir los preceptos que de allí se aprenden, es algo que también se puede apreciar en la estructura misma de este valor 310.

Sólo apliquemos el sistema de intercambio de letras At-Bash a este valor y podremos apreciar lo dicho.

La tabla de At-Bash es ésta:

א	=	ת
ב	=	ש
ג	=	ר
ד	=	ק
ה	=	צ
ו	=	פ
ז	=	ע
ח	=	ס
ט	=	נ
י	=	מ
כ	=	ל

Recordemos que las letras que representan al valor 310 son *Shin* y *Iod*.

$$\begin{array}{r} \text{י} = 10 \\ \text{ש} = 300 \\ \hline 310 \end{array}$$

Buscamos el equivalente a *Shin* y *Iod* en la tabla de At-Bash y resulta:

$$\text{ש} = \text{ב}$$
$$\text{י} = \text{מ}$$

Shin se intercambia por *Bet* y *Iod* se intercambia por *Mem*.

Bet que es el reemplazo de *Shin* es la inicial de la Torá escrita, la cual comienza con la palabra *Bereshit*.

בראשית

Mem que es el reemplazo de *Iod* es la inicial de la Torá oral, la cual comienza con la palabra *Meimatai*.

מאימתי

Resulta que este pago de los 310 mundos es por estudiar y poner en práctica la Torá escrita y la Torá oral, y está constatado en el valor que identifica a estos 310 mundos que se reciben como retribución.

VÍNCULO ENTRE EL INICIO Y EL FINAL
DE LA MISHNÁ CON LOS 310 MUNDOS

Veremos a continuación el vínculo existente entre el principio y el final de la Torá oral, que es la explicación de la Torá escrita, con el valor 310.

La Mishná (base de la Torá oral) comienza hablando de la obligación de recitar el Shemá Israel, tras lo cual se ocupa de desglosar los distintos preceptos. La Mishná culmina con el pago a recibir por el cumplimiento de los preceptos abordados a lo largo de los sesenta libros de la Mishná.

Shemá, el primer tema abordado por la Mishná, se escribe así:

שמע

Estas letras que componen la palabra Shemá son las iniciales de *Shlosh meot eser* que significa 310.

שלוש = 3

מאות = cientos

עשר = 10

O sea, el principio de la Mishná está ligado con el final. Por lo tanto el principio de la Mishná (Shemá) nos revela que acontecerá al final (310).

Nos detenemos ahora en la palabra Shemá, y la leemos de atrás hacia delante, comprobamos que las letras leídas de esta forma, permiten la construcción de la oración *Ol maljut Shamaim* («Yugo del reinado Celestial»).

עול = yugo

מלכות = del reinado

שמים = Celestial

Esto quiere decir que el pago de los 310 mundos es por estudiar la Torá y aplicar lo estudiado, cumpliendo los preceptos, lo cual significa «someterse al yugo del reinado celestial» de Dios. (Mishná Ajaroná)

Los 310 mundos en la primera palabra del Pentateuco

Estos 310 mundos que se obtienen por estudiar la Torá y cumplir los preceptos, es la meta final que llega tras haber recorrido exitosamente todos los tratados de la Mishná, hasta alcanzar el final de la misma.

La Mishná es el medio que nos permitió comprender todos los detalles de los preceptos ordenados en la Torá escrita, explicándonos el sentido de los versículos y enseñándonos como llevarlos a la práctica. Por eso, en el final, la Mishná nos enseña el pago a recibir por aplicar lo aprendido, y cita cuál es el versículo de la Torá escrita del cual se extrae esta enseñanza.

En la Torá escrita

A lo largo de nuestra obra hemos visto con todo lujo de detalles que todo lo referente a la creación y sus pormenores está incluido en el principio de las palabras de Dios. Por eso surge la pregunta: ¿es posible que también estos 310 mundos consten en el principio de las palabras de Dios?

Para revelar esta incógnita nos dirigimos directamente al inicio de la Torá escrita.

La primera palabra de la Torá es בראשית.

Sólo modificando el orden las letras que componen esta palabra, se forman los términos *Barata Shai*: ברא שי

El significado de *Barata Shai* es: «Creaste 310».

Esto significa que el Todopoderoso «Creó 310» mundos, los cuales son para retribuir a los que hacen Su voluntad en la Tierra. El pago será 310 veces más por lo que dejaron de hacer en la Tierra y abocarse a realizar lo dispuesto por la voluntad Divina.

EL PRINCIPIO DE SUS PALABRAS

Ahora, si tenemos en cuenta lo enunciado en capítulos anteriores (el número 19), cuando hablamos acerca de la creación, dijimos que alguien que pronuncia muchas palabras valiéndose de una sola pronunciación, como lo hizo El Eterno, tampoco le será necesario mencionar las letras de esa pronunciación en el respectivo orden.

Resulta de aquí que la deducción realizada de *Bereshit*, donde modificamos el orden de las letras y obtuvimos *barata shai* (creaste 310), es algo que consta en forma explícita y no se trata de un simple indicio.

Decimos por lo tanto que en el principio de las palabras de El Eterno, está incluido también, en forma manifiesta, cuál es el pago a otorgar a los justos por hacer Su voluntad en este mundo.

El Eterno nos brinda la posibilidad de hacer plenamente Su voluntad en esta vida, estudiando Torá y observando los preceptos que en ella constan, para conseguir unirnos a Él de corazón y alma plenos. De este modo nos acreditaremos y gozaremos de los 310 mundos enunciados y todos los demás beneficios que hay preparados para los justos en el Mundo Venidero.

ÍNDICE

Que la Biblia hebrea oculta secretos y misterios no es ninguna novedad; hace siglos que los exegetas judíos se ocupan de ello. Pero que en el texto sagrado podemos encontrar información codificada sobre acontecimientos actuales y futuros puede resultar sorprendente a quienes no están familiarizados con la sabiduría de Israel.

En el presente libro los autores analizan diversos sistemas criptográficos y nos descubren en el texto bíblico alusiones clarísimas a acontecimientos como el Holocausto, las Torres Gemelas, el 11-M, o el Tsunami.

Los *Pirkei Avoth*, literalmente «capítulos de los Padres», son una antología de máximas y sentencias de los sabios de Israel que forman parte de la *Mishnah*. Estos aforismos y parábolas, expresados con una gran concisión y luminosidad, tienen un sentido moral y filosófico pero también uno esotérico. Esta nueva versión intenta, sobre todo a partir del texto ladino a la vista, pero apoyándose también en el hebreo y en los comentadores clásicos, ofrecer una visión más esotérica de los *Pirkei Avoth* dentro de la filosofía de la presente colección.

Si desea acceder a los cursos del Rabí Aharón Shlezinger puede consultar: www.universidadvirtualdejudaismo.com